Brian Alba

EL PODER DE CREAR HÁBITOS

CREA UNA VIDA DE LOGROS Y FELICIDAD A TRAVÉS DE HÁBITOS EFECTIVOS

Copyright 2023

Brian Alba

Este libro fue creado para mostrar la importancia de los hábitos, a su vez busca cambiar y mejorar la vida de todas aquellas personas que lo necesiten.

Los buenos hábitos tienen el poder de construir un mejor futuro para las personas y al mismo tiempo los malos hábitos muchas veces son los destructores de muchas vidas y sueños.

Este libro y su contenido no ofrece una consultoría personal adaptada a una persona en particular ni a tratar ningún tipo de enfermedad o condición específica de alguien. Si usted tiene algún tipo de enfermedad, condición o necesidad particular por favor busque los servicios de un profesional.

"Dedicado a todas las personas que tomaron la decisión de cambiar y transformar sus vidas, a todos los valientes que sueñan y que toman acción para ser mejores"

ÍNDICE

PRÓLOGO

Si una persona es exitosa o no en la vida depende de muchas situaciones y acontecimientos que puedan pasarle a lo largo del camino, pero podemos decir con propiedad que en la mayor parte del tiempo este éxito es la consecuencia de sus hábitos y de esa secuencia de actividades que realiza cada día. No es lo que puedas emprender o hacer puntualmente en algún momento lo que le dará un giro a tu vida, sino esas acciones que haces parte de tu día a día llegando incluso a realizarlas de manera automatizada, lo que determina que puedas alcanzar los objetivos. Lo que haces paso a paso diariamente es lo que marca la diferencia entre el éxito y el fracaso entre la tristeza y felicidad, entre la salud y la enfermedad.

Por eso querido lector te invito a leer detenidamente estas líneas, a visualizarte y ver en qué lugar te encuentras ahora mismo, no me refiero al lugar físico, sino al lugar emocional y espiritual; en qué punto del éxito o fracaso te encuentras y dependiendo de ello que estudies cada uno de tus hábitos, probablemente si no estás en el sitio que quieres sea fruto de los malos hábitos que estás llevando en la actualidad y solo después de esto implantar nuevos hábitos que te ayudarán a alcanzar tus metas.

En este libro quiero enseñarte la manera como implantar nuevos hábitos y deshacerte de aquellos que te hacen daño.

CAPÍTULO I

¿DÓNDE ESTOY EL DÍA DE HOY?

Seguramente te has preguntado de donde provienen algunas conductas constantes y repetitivas que tienes ancladas a tu vida, tal vez no eres consciente de este comportamiento, pero algún familiar o amigo te lo ha hecho saber; sin embargo, es posible que no le hayas creído, o no estés enterado de tu parámetro conductual, el punto importante es que estos comportamientos básicamente son inconscientes e involuntarios, se instalaron en tu mente hace mucho tiempo y ahora forman parte de tu día a día.

Existe dentro de nuestra mente más de un nivel de conciencia, de hecho se dice que tenemos 3 niveles:

El consciente, con el cual procesamos y realizamos todas las actividades que requieren de lógica y de las cuales tienes control

El subconsciente, en donde guardas aprendizajes y vivencias, pero no son tan fácilmente recordables ya que necesitamos un estímulo que nos traslade o recuerde la información que está allí almacenada, por ejemplo cuando te llega una fragancia y recuerdas a tu abuela, comes algún dulce específico y recuerdas a tu abuelo

El inconsciente, que es donde guardamos vivencias y aprendizajes, siendo aquellas vivencias que tu mente decidió reprimir.

Los aprendizajes que se encuentran en este nivel almacenado son aquellos de los cuales no tienes idea de cómo los adquiriste, pero los tienes y forman parte de tu conducta.

A la mente inconsciente y subconsciente la responsabilizan de los comportamientos humanos a los cuales no le encontramos explicación, fueron aprendidos en algún momento de nuestra vida, fueron procesados y guardados allí en forma de programa, así el ser humano actúa en algunas circunstancias del día sin usar la mente consciente, sino la inconsciente.

Ahora bien…

Un hábito es un comportamiento que se realiza con regularidad, lo que significa que se repite en el tiempo. Los hábitos son aprendidos, no son innatos, y para aprenderlos no siempre es necesario el compromiso racional, lo que significa que no siempre ejecutamos la acción con nuestra mente consciente.

Un hábito está conformado por tres elementos indispensables:

1. El activador, conocido por algunos como la señal: Es el elemento que llega a la mente y produce un estímulo para generar una acción, ejemplo: te despiertas temprano por la mañana y te sientas en tu cama

2. La Acción: Automáticamente, te levantas y te diriges al baño a lavar tus dientes.

3. La recompensa: Sientes aliento fresco y ya estás a punto de llevar a cabo otro hábito, ir a tomar un café.

La explicación para la adquisición de un hábito es precisamente que está guardado en la mente inconsciente, un ilustrativo ejemplo es: al entrar al baño lo primero que haces es encender la luz, pero si se corta la energía eléctrica y vas al baño, automáticamente presionarás el apagador, eso lo haces debido a que estás habituado a realizar esta acción, entonces enseguida recordarás que no hay servicio eléctrico, por lo que presionarás una vez mas el interruptor.

Noticia... Tú has presionado el interruptor porque es lo que haces habitualmente, porque tu mente inconsciente está muy arraigada a esta acción.

Ahora bien, sabemos que los hábitos pueden ser constructivos o destructivos. Tener buenos hábitos alimenticios por ejemplo, te beneficiará en tu estado de salud tanto física como emocional, lo cual a su vez beneficia a los que te rodean porque una persona emocionalmente sana es una persona agradable de tratar; ahora bien, con los malos hábitos sucede todo lo contrario, si por ejemplo eres adicto a la nicotina, no solo deterioran considerablemente tu salud hasta el punto de posiblemente morir, sino que también perjudicas a todos los que te rodean empezando por tus seres queridos.

Existen diversos tipos de hábitos, desde los hábitos físicos, los cuales se relacionan directamente con el estado de salud e involucran el cuerpo, como por ejemplo, cepillarse los dientes después de cada comida y al despertar hacer ejercicios diarios, hasta los hábitos espirituales como el hacer un tiempo específico de oración al despertar y antes de irse a dormir.

También construimos hábitos sociales que son los que nos involucran con la sociedad (amigos y parientes) fuera de nuestro hogar un hábito social podría ser quien acostumbra a ir a visitar a algún familiar todos los días domingos o jugar cartas con tus vecinos los días viernes.

La mayoría de los hábitos fueron incorporados en nuestra mente desde mucho antes de tener uso de razón, pero otros hábitos fueron agregados a nuestra vida en la medida que fuimos creciendo.

Sea cual fuera el modo en el que un hábito llegó a nuestra vida es el mismo resultado en cuánto a que ellos son responsables en parte de lo que somos hoy en día, pero mucho más responsables de lo que podemos llegar a ser el día de mañana, porque si tú por ejemplo eres una persona a la que se le dificulta despertar temprano, te complicaría mucho el conservar un trabajo en el cual tengas que cumplir un horario establecido, no importa cuán capacitado estés para este trabajo, a menos de que te decidas a dejar el mal hábito de dormir hasta tarde no podrás cumplir bien con él.

Ahora bien, nuestra mente inconsciente guarda mucha información que explica quienes somos al día de hoy, por eso si desde que usabas pañales veías en casa a tu abuelo y a tu padre fumando y nunca nadie explicó que era un mal hábito, tú indirectamente aprendiste, que el fumar era correcto y que en los hombres eran normal fumar. Una falsa creencia fue instalada en tu mente, la cual originó que de adquieras el hábito de fumar. Este mal hábito de seguro pudo costar más de un empleo y gratas relaciones, porque una persona que necesita fumar para sentirse bien, requiere fumar un aproximado de 8 veces al día.

El ejemplo anterior es solo para ilustrar lo que un mal hábito aprendido; sin ser tú directamente responsable de ello, afecta tu vida y la vida de tus seres queridos.

Es probable que este mal hábito no lo quieras traspasar a tus hijos.

Pero...

¿Cómo explicar que aunque tú lo hagas ellos no deben hacerlo?

Con todo esto, deseo explicarte que los malos hábitos, muchas veces no son directamente nuestra culpa, la mayoría fueron instalados dentro de uno mismo mucho antes de que puedas darte cuenta, aún así, aunque no eres culpable de tu pasado si eres responsable de tu presente y lo que decidas hacer hoy determinará tu futuro.

Por eso es importante que analices:

¿Quién eres?

¿Dónde te encuentras ahora?

¿A dónde te trajeron tus hábitos?

¿Y quién quieres ser?

Comienza a buscar las herramientas que te ayuden a ser la mejor versión de tu persona y te redireccionen a ser quien quieres ser mañana.

Quiero relatarte la historia de vida de tres personas muy cercanas a mi vida, donde cada una a su manera descubrió el valor de los buenos hábitos y en otros casos lo perjudicial que pueden llegar a ser los malos hábitos, mejor llamados vicios.

No solo son los vicios físicos los que te pueden generar un mal presente y/o originar un mal futuro, también aquellos vicios conductuales pueden favorecer o perjudicar en gran manera tu vida.

Eric

Eric en su infancia fue un niño un poco mimado, pocas veces sus padres se atrevían a decirle que no a algo que él pidiera. Cuando llegó a la edad de la adolescencia entró en una crisis existencial en la que casi nada le alegraba, no quería ir a clases, ni salir con sus padres, sólo estaba bien si estaba con su celular o computadora

Él no se interrelacionaba con sus amigos de clase como podría esperarse, lo único que hacía, era ver videos y series.

Poco a poco se fue acostumbrando a dormirse tarde por ver estas series, y llegó a un punto en el cual no quería levantarse para ir al colegio, llegaba tarde y se quedaba dormido en la mayoría de las clases, por lo que tuvieron que llamar a sus padres.

En ese punto el director del plantel, quien era un hombre sabio y diplomático para decir las cosas habló con el padre de Eric sobre lo que pasaba con su hijo, decidiendo de tal manera cancelar todas las suscripciones que mantenía Eric.

Eric armó una discusión tremenda, dejó de hablar por mucho tiempo a sus padres, pero poco a poco con el paso de los meses fue entrando en razón.

Ya estaba más centrado en clase, se habituó a dormir temprano y hablaba con el resto de sus compañeros llegando a hacer verdaderos amigos en sus últimos años del colegio.

Estudió psicología y se especializó en conducta adolescente, hoy ayuda a jóvenes con problemas de adicción, explica en sus seminarios que su mayor problema era que él no consideraba ser adicto a nada, entendía que sólo se era adicto a las drogas o al alcohol u otras sustancias, pero no a conductas habituales, explica a los padres la importancia de mantenerse cercano a los hijos, de no darles todo al momento para tapar con cosas materiales el tiempo que no le dedican, "nada es más importante que la familia", no importa la edad que tengas, explica Eric, y en la adolescencia es muy fácil un día partir lejos de casa. Si permitimos que eso pase es muy difícil regresar

¡Jamás debemos permitir que nuestros jóvenes se pierdan!

Eric pregunta cuán distinta sería su vida si sus padres lo hubieran dejado partir y seguir en sus propios vicios, probablemente no hubiera regresado jamás.

Si sólo por continuar complaciendolo no le hubieran dado importancia a las palabras del director, hoy la historia fuera otra.

"Los primeros meses después de hacerme consciente que debía estudiar y sobre todo interrelacionar con el mundo real, me costaba demasiado poder mantener la atención, el interés y la concentración, pero poco a poco fui recuperándome, esto fue debido a que recibí ayuda a tiempo" - Eric

Rebeca

Con esta anécdota se evidencia como un hábito equivocado puede afectar no solo nuestra vida sino también la vida de los que nos rodean.

Para Rebeca no fue nada fácil acostumbrarse a su nuevo empleo, había trabajado 27 años consecutivos en su anterior empleodonde conoció a su esposo y padres de sus dos hijos.

En este empleo hacia todo de una forma a la que ya estaba acostumbrada, pues se comportó así desde el mismo día que ingresó a la empresa.

Su madre le había enseñado que la puntualidad era el primer requisito para conservar un empleo.

Pero el concepto de puntualidad para Rebeca estaba muy alejado de su verdadero significado, creía que la puntualidad era llegar con mucho tiempo de anticipación, esto generaba que siempre despertara a las 3:30 am para preparar las tres comidas del día, despertar a los niños a las 4 am para ir al colegio.

Los niños crecieron llegando a toda su educación primaria y secundaria antes que el portero.

Rebeca obviamente era la primera en llegar a su oficina y para cuando los demás llegaban ya había gran parte del trabajo adelantado. Pareciera que nadie tenía problemas con esto, hasta que llegó el día en que cerraron la empresa.

Como los hijos de Rebeca estaban estudiando en una universidad privada y el sueldo de su esposo no era suficiente para pagar ambas universidades, Rebeca se vio en la necesidad de buscar trabajo en otra compañía, habituada a llegar una hora antes a su anterior trabajo, pero ahora con más tiempo, porque los chicos habían crecido.

Rebeca ahora no solo llegaba una hora antes sino una hora y media e incluso con dos horas de anticipación ya estaba en su nuevo trabajo

En la nueva empresa había un estricto orden para entrar y para salir, nadie podía ingresar minutos antes, y nadie podía salir antes ni después del horario establecido. Los primeros días Rebeca tuvo que esperar en portería, luego su jefe notó lo habitual que era Rebeca en llegar temprano, por lo tanto, un día le preguntó:

- ¿Sra. Rebeca, cuál es la razón de que usted llegue tan temprano?

Ella le explicó el consejo de su madre y cómo en su antiguo trabajo debía llegar antes del resto y ayudar a adelantar a todos, encendiendo sus máquinas y reiniciando el sistema y haciendo el café.

Su jefe notó lo acelerada que era para hablar y observó detenidamente a la salida como Rebeca corría a marcar tarjeta apenas se hacía la hora de salida.

Rebeca sufría de ansiedad y en su antiguo trabajo nadie lo notó, al contrario, sin querer, se aprovechaban de la situación. Después de ello la remitieron a un especialista quien la veía 2 veces por semana en un horario dentro del horario de trabajo lo que la ayudó a modificar el parámetro de conducta que le hacía tener una obsesión por llegar tan temprano al trabajo.

Sus hijos y esposo también acudieron a la terapia pues los tres vivían sin saberlo con un trastorno emocional, cada uno distinto al otro.

En terapia supieron que internamente era el resultado de la aceleración de Rebeca, ella se apuraba y vivía corriendo... ellos tres vivían estresados por no poder alcanzarla ni llevarle el paso. Rebeca logró modificar su conducta y bajar un poco la velocidad a su ritmo de vida; no fue fácil, pero lo logró.

Después de que ella modificó este comportamiento, su familia también pudo superar los trastornos de ansiedad que tenían, para Rebeca aún es dificil poder relajarse sobre todo antes del trabajo.

Hoy en día, se dedica a la meditación y le apasiona salir los fines de semana con su esposo a trotar en las tardes, algo impensable tiempo atrás...

Steven

En su infancia, con su tío más joven, quien vivía con él y con sus padres, le acostumbró a tomar un vaso de leche con chocolate antes de dormir, tan arraigado estaba en él este hábito que cada noche al. llegar su tío del trabajo, Steven no se apartaba de su lado hasta que él cenará y preparara la leche, si algún día no había leche o polvo de chocolate, Steven no podía conciliar el sueño, simplemente no se dormía en toda la noche.

Esto nadie lo veía como un problema, hasta que un día el tío de Steven enfermó. Resultó ser resistente a la insulina, había caído en un estado de diabetes irreversible, ahora justo antes de dormir, no podía beber leche chocolatada y en su lugar debía inyectarle insulina. Obviamente, los padres de Steven entraron en alarma y no dejaron que tampoco él volviera a beber una bebida tan dulce antes de dormir, lo cual para el niño fue una tragedia.

Cada vez que Steven veía a su tío inyectarse sufría mucho, lo sentía con todo su ser, y él no quería pasar por eso, así que no tardo tanto en concientizarse en lo poco saludable que resultaba comer alimentos azucarados después del horario de la cena. Para el tío de Steven fue más complicado, él no se resignó jamás a no poder comer dulces y cuando tenía alguna oportunidad compraba y los escondía inmediatamente, era un peligro dejar a su alcance tan siquiera una galleta pequeña, su enfermedad avanzó irremediablemente. Steven decidió estudiar medicina y se especializó en Endocrinología con la esperanza de ayudar a su tío y a todos los que están en su condición, lamentablemente el tío murió poco antes de la graduación de Steven a causa de su enfermedad, no sin antes agradecer a Steven por cuidar de él, por ser más que su sobrino, su amigo... Le dijo que no cambiaría el pasado en el cual esperaba ansioso llegar a casa para compartir con él su bebida chocolatada, pero era consciente que él se enfermó y agravó por no cuidarse agradeciendo que Steven no siguiera su ejemplo y en vez de ello haya obedecido a sus padres hasta llegar a desinstalar un hábito adquirido que es poco beneficioso para todas las personas.

¿Dónde estás hoy?

¿Qué hábitos tienes que consideras perjudiciales?

¿Recuerdas cómo llegaron a tu vida?

Donde estuviste ya no lo puedes cambiar, donde estás si lo puedes modificar y así mañana estarás en un mejor lugar,

¡Ánimo!

¡tú puedes!

En los próximos capítulos te explicaré cómo desinstalar un mal hábito, verás que debes enfocarte en el camino y no en el resultado

¿Cómo?

¡Confiando en ti!

¡Un mal hábito no se elimina, se transforma en uno nuevo!

Para pensar...

En diciembre del año 2019 el mundo entero escuchó y se conmocionó por el surgimiento de un virus causante de una epidemia en china y cuyos primeros casos coincidían con haber tenido contacto con el mercado mayoritario de mariscos en Wuhan, muchas cosas se decían del virus que fue denominado por la Organización Mundial Para la Salud como el Covid-19, el cual no tardó ni un mes en expandirse a otros países como Japón y Tailandia, no obstante nadie imaginó que para el mes de marzo del 2020 el virus estuviera presente en casi todos los paises del mundo.

Fue así como el día 11 de marzo del 2020 la OMS hizo la declaración de pandemia y entró en alarma sanitaria por los estragos que el virus podría causar en los países con sistemas de salud menos dotados. La mayoría de los países acató las recomendaciones de cuarentena y se suspendieron actividades que llevaran a la aglomeración de personas. Por primera vez a nivel mundial se declaró el cierre de las instituciones deportivas, así como los templos religiosos, incluyendo la iglesia católica en plena cuaresma 2019, los centros educativos debieron asumir la educación a distancia, todo esto para evitar la propagación del virus y sus terribles consecuencias.

Luego de un año de la pandemia, la cual ha cobrado millones de vidas a nivel mundial, y con una nueva cepa del mismo originada en Brasil, apenas se asomaba la esperanza del sistema de vacunación a todos los países del mundo, no obstante la mayoría de las actividades volvieron a la normalidad.

Ninguna nación podía mantener su sistema económico a flote, y si bien el sector educación en la mayoría de los países volvió a ser presencial en otros tantos continúan los niños y jóvenes con educación a distancia a fin de mantener a raya el virus.

Ahora bien, habiendo pasado varios años de aquella pandemia, muchos hábitos en la mayoría de nosotros han cambiado.

El latino generalmente suele ser una persona emocionalmente expresiva y cercana, los saludos en la gran mayoría de los países de Latinoamérica incluyen fuertes abrazos y besos, esto indiscutiblemente ha cambiado para algunas personas, dada una de las principales recomendaciones para evitar el contagio, "el distanciamiento".

En la salida de casa para ir a trabajar o a comprar, se ha experimentado un cambio en los hogares de las familias, es casi imposible salir sin llevar al lado el gel antibacterial. Pero el cambio más notable en quienes se preocupan por su bienestar y el de su familia, es ¡la llegada a casa!

Llegar a casa en los tiempos de Covid-19

El ser humano suele olvidar con facilidad lo vivido años atrás, cuando teniamos todas las medidas de bioseguridad latentes.

Tardamos más de 21 días para incorporar los hábitos que al parecer nos mantendrían a salvo y a nuestras familias, pero olvidar estas prácticas de bioseguridad seguramente se nos hará mucho más fácil; sin embargo, para muchas familias este continuará siendo un estilo de vida, nuestras prácticas biosaludables sin duda han sido modificadas y si lo pensamos bien, lo más saludable para mantenernos a salvo de cualquier enfermedad viral o bacteriológica son todas las medidas de bioseguridad que hemos adoptado ante la aparición del Covid 19.

Para nadie es un secreto que hemos cambiado luego de la llegada de este huésped que ha causado tantos inconvenientes.

De todo lo que nos pasa en la vida sea bueno o sea malo siempre algo nos ha de quedar. En este caso, este potente virus nos enseñó que el amor no siempre es contacto físico, que la vida es ahora...

¿Qué debemos hacer planes?

Es verdad, pero debemos vivir nuestro presente al máximo y no angustiarnos por el futuro. Nos enseñó además a ser más cautelosos.

Es muy cierto que nos dimos cuenta de que no teníamos hábitos muy saludables sobre todo a la hora de llegar a casa y sentarnos a comer... eso que decían las abuelas: ¡lávate las manos! El no salir si se tienen síntomas de resfriado porque eres una fuente de contagio para muchos y además estás pasando incomodidades fuera de tu casa, bajo esas condiciones esos hábitos que un día perdimos y hemos recuperado es algo que debemos a esta inolvidable pandemia, y es algo que nos debió cambiar para ser mejores personas y ciudadanos.

Ahora te pregunto:

¿Cómo eras antes de marzo de 2020?

¿Crees que adquiriste nuevos hábitos?

¿Eres diferente ahora?

Estoy seguro de que no eres igual a la persona que eras antes del 2020, pero también estoy seguro de que a pesar de todo el sufrimiento por pérdidas que esta pandemia nos dejó, también te enseñó algo que has de tener en cuenta para el futuro.

Un hábito bueno o malo no solo influye en nuestro presente y en el de las personas que nos rodean, sino que también va a tener repercusión en el futuro, por eso es de vital importancia crear buenos hábitos y sustituir los malos.

Pregúntate siempre...

¿Quién soy?

¿Quién quiero ser?

¿Qué ajustes debo hacer a mi estilo de vida para llegar allí?

Es comprensible que si en su momento los adultos que te acompañan te enseñaron que los malos hábitos eran buenos tú tengas estos malos hábitos en tu vida, pero no es aceptable que ahora con tu uso de razón no hagas nada para cambiar estos malos hábitos que acabarán con tu vida y con tú buen vivir. Sólo debes esforzarte por ti, por tu familia, sólo tú puedes modificar hoy tu vida y adquirir un futuro mejor.

Eres lo suficientemente capaz de cambiar todo mal hábito que se haya arraigado a tu vida, confía en ti, tú y tu familia cercana merecen conocer a la mejor versión de tu persona, y la conocerán cuando te atrevas a ser valiente.

En los próximos capítulos vas a conocer técnicas que te ayudarán a sustituir tus malos hábitos y a adquirir nuevos que serán útiles para ser la mejor versión de ti mismo.

CAPÍTULO II

UN MOTIVO PODEROSO

Para desarrollar buenos hábitos y por ende cambiar y mejorar nuestras vidas existe un arma letal al que no se le puede ignorar y que debe ser usada para dejar cualquier mal hábito y empezar uno nuevo que nos produzca resultados.

Tener un motivo o una razón lo suficientemente fuerte es la mayor motivación que puede tener el ser humano, por eso es necesario encontrar una causa lo suficientemente poderosa.

Ya sabes lo que es un hábito y como llega a nuestra vida, ahora bien...

¿Qué necesitas para deshacerte de un mal hábito?

Primero es entrar en consciencia de que tienes un mal hábito y que éste genera consecuencias desfavorables no solo para ti, sino para tus seres queridos.

Segundo, debes querer dejar este mal hábito.

Tercero y extremadamente importante y relacionado con los puntos 1 y 2, debes de tener una fuerte motivación que te lleve a querer dejar tu mal hábito.

Cuando queremos adquirir un nuevo hábito en nuestra vida, la forma más eficiente es anclarla a un activador, por ejemplo, si queremos salir a trotar todas las mañanas debemos establecer una hora fija para esta actividad, en este caso tu activador va a ser la alarma de tu celular. Suena la alarma, te levantas, te aseas y enseguida partes a caminar o a trotar, si repites esta misma rutina por un aproximado de 21 días ya no te será tan complicado; de hecho, es muy posible que despiertes a la misma hora aunque no tengas despertador. Ya tu activador no es el sonido del dispositivo, sino el hecho de querer despertar. Pero sin una fuerte motivación, es demasiado complicado formar un hábito. Volviendo al ejemplo de salir a trotar cada mañana, si colocaste de activador el momento de despertar, ya sea los primeros días que te ayudes con la alarma o ya sea después, cuando ya no necesites de la alarma. El hecho de despertar y pensar en salir y trotar o tan solo caminar, el hecho de pensar en levantarte temprano, dejar tu cama y salir a la calle a realizar un esfuerzo físico, será posible si tienes una fuerte motivación, una motivación lo suficientemente poderosa como querer verte bien, o mejorar tu salud por el bienestar propio y el de tu familia, prepararte para una competición, entre mil y un razones que te pueden ayudar motivándote a anclar un nuevo hábito saludable a tu vida.

A José no se le daban bien las actividades deportivas, el día de la semana más duro para él durante su educación escolar era el día en el que debía ver la asignatura de educación física.

¿Cómo pasó esto en la vida de José?

En el último año de educación secundaria al profesor de deportes de José le preocupó en sobre manera la actitud de José para con los deportes y le preguntó si sentía algún dolor o malestar al hacer ejercicios físicos - José respondió que no –

Recomendó a sus padres verle con algunos especialistas para conocer el estado de salud del joven y resulta que todo salió muy bien, en José no había ningún impedimento físico para realizar deportes, simplemente se negaba a ellos.

Así transcurrió su infancia y adolescencia, siendo un niño brillante, con una familia que le amaba, y sin ningún problema emocional que le impidiera ser feliz. En realidad, siempre fue muy alegre y solía hacer reír a sus compañeros y amigos de clase.

José quería estudiar para ser veterinario, de hecho, desde muy pequeño, antes de su educación preescolar, él había demostrado mucho interés por los animales, por el bienestar de ellos, por el comportamiento de los animales domésticos e incluso le interesaba el comportamiento de los animales salvajes.

No tuvo ningún problema para su admisión en la universidad, donde sería titulado como médico veterinario.

Cuando José se encontraba estudiando el 5.º semestre de su carrera, ocurrió un incidente que marcó la vida de él y la de su familia para siempre.

Una noche estando en casa, un vecino pidió al padre de José que le auxiliara llevando al terminal de pasajeros, porque tenía una emergencia fuera de la ciudad y debía viajar aquella noche.

Eran las 8 pm cuando salieron camino al terminal de pasajeros, lugar al cual no llegaron, se hicieron las 9 y las 10 de la noche...

Cuando la madre de José estaba bastante preocupada, llamó al celular de su esposo, pero caía la contestadora...

Llamó al de José, pero se percató que el celular de José se había quedado en casa. Preocupada fue a la casa de su vecina para saber noticias de su esposo.

Dicen que las malas noticias son las primeras en llegar, pero ni Lucia, mamá de José ni Diana la vecina obtenían noticias de sus respectivos familiares, así pasaron las horas hasta que amaneció un nuevo día. Al fin el teléfono de casa sonó, era una llamada desde el hospital central para informar sobre un accidente, en un semáforo muy cerca del terminal de pasajero, un auto impactó contra la parte trasera del auto donde viajaban José, su padre y su vecino, los tres se encontraban hospitalizados, pero el más grave era José...

Fueron días muy duros para su familia... Su padre y vecino fueron dados de alta una vez que comprobaron que no tenían mayores daños, solo lesiones que tardarían un tiempo en sanar y un susto que no olvidarán en toda su vida.

Para esto, José fue sometido a 2 intervenciones quirúrgicas para corregir un daño causado en su columna que le impedía mover las extremidades inferiores.

A los tres meses fue dado de alta...

Sin embargo, a pesar de que las cirugías de José habían sido un éxito, él no lograría la movilidad de sus miembros inferiores si no recibía terapia física.

José se negó completamente a recibir terapia, no quería saber nada de ello, su padre habló con él, su madre habló con él, varios amigos de la facultad hablaron con él, pero no hubo manera de hacerle cambiar de opinión, al contrario, cada vez que los padres tocaban el tema de conversación, José se irritaba demasiado hasta el punto de irse con su silla al cuarto y batir la puerta con todas sus fuerzas.

José estaba dispuesto a perder su vida plena, su tranquilidad emocional, su carrera universitaria, sus proyectos, todo esto por no querer asistir a terapia y realizar actividades físicas. Él se había condenado a vivir en una condición que no era su destino.

Médicamente, le habían dicho que mientras más tardara en iniciar sus terapias, menos posibilidad tenía de recuperar al 100% sus movimientos, pero a José parecía importarle nada todo eso, o su vida o la de su familia.

Un día a un familiar se le ocurrió conseguir para José un perro de ayuda emocional, nadie hubiera esperado que la idea fuera a dar resultado tan rápidamente, pero milagrosamente así ocurrió. No habían contado nada a José referente a la llegada de Bob, su cachorro, porque no querían predisponer. El día que Bob llegó, José se encontraba en su cuarto, cuando de pronto Bob entró y se sentó a su lado, desde ese mismo instante nació la más maravillosa amistad entre ellos.

Aunque Bob venía con su entrenamiento de perro de apoyo emocional, debía ser entrenado junto a José para auxiliarlo en algunas actividades, así fue como José salió por primera vez de casa, para ir a entrenar con su perro.

Su padre, un día de entrenamiento, los llevó al parque donde José vio a niños y hombres correr con sus perros, justo en ese momento, José exclamó: ¡Papá quiero ir a terapia!

Comenzó su terapia y regresó a su carrera, Bob le acompañaba a todas partes.

Al cabo de 6 meses, José daba sus primeros pasos sin ayuda de la caminadora. Y en muy poco tiempo terminaría graduandose con honores.

No fue una tarea fácil, las terapias a las que José debió asistir, constaban de una rutina específica, pero en poco tiempo se adaptaron tanto él como Bob al hábito de ir dos veces por semanas a realizar los ejercicios que le devolverían la total movilidad.

Ahora el hábito que ambos tienen es cada día levantarse muy temprano e ir a correr, quién lo hubiera esperado unos meses atrás de José... Pero por su salud y debido a su fuerte motivación, querer jugar con su perro y convertirse en un veterinario se adaptó a una nueva rutina que terminaría por darle una nueva vida.

Thomas

Thomas siempre estaba muy centrado en sus ideas, desde muy niño por alguna razón, si no estaba de acuerdo con algo lo discutía. Su familia, padres y abuelos reforzaron este comportamiento aceptando todo lo que Thomas decía solo por no escucharle discutir, y siempre terminaban dándole la razón.

Cuando Thomas llegó a la edad en la que debía escoger una carrera universitaria se decidió por la carrera de Derecho, aunque Thomas tenía un don para las palabras, tenía mucho por aprender sobre cuándo y cómo hablar.

En su colegio de primaria todas sus maestras a excepción de su maestra del 6.º grado le seguían el mismo juego que su familia, le daban la razón en todo lo que Thomas discutía. Su maestra de sexto grado trató de parar este mal parámetro de conducta, pero se ganó muchos dolores de cabeza, por alguna razón conocida por muy pocos (Thomas era sobrino del director del plantel) la maestra no pudo solucionar la controversia y tampoco pudieron los pocos profesores del bachillerato amilanar la mala costumbre de querer discutir cada vez que algo no se daba de acuerdo a sus propios términos. Así llegó Thomas a la universidad. Pero el gran problema es que él vivía en una realidad que no era la verdadera, a él siempre le dieron la razón aunque no la tuviera, no pasó más allá del curso introductorio cuando se había hecho famoso en el recinto universitario, así que Thomas en el primer semestre no fue muy bien visto, todos iban con ganas de aprender y él casi siempre trataba de discutir o dar la contra en las clases de los profesores, a nadie le gustaba estudiar con Thomas y en todas las cátedras le fue muy mal. Así en soledad lejos de su familia lejos de las personas con las que había crecido a muchos kilómetros de su casa, Thomas se vio en la obligación de escuchar para aprender, buscó ayuda psicológica en su universidad y el psicólogo le explico que no era su culpa ser como era, sino debido a la mala gestión de sus adultos responsables de la infancia, quienes creyeron que le hacían un bien, pero no obstante, le causaron un gran daño.

Thomas debió luchar mucho para ganar paciencia y prudencia, para aprender cuando y como hablar. Cuando visitaba su casa nadie lo podía creer, era un joven totalmente diferente, ya no tenía el hábito de protestar y contrariar todo. En la universidad Thomas no solo estaba aprendiendo sobre leyes, sino también estaba aprendiendo lo que todos debemos aprender de niños, aprender a valorar, a escuchar, a aceptar diferencias y a saber cuándo es oportuno hablar.

Dejar el mal hábito de interrumpir a un profesor o a cualquier hablante no fue fácil, pero a Thomas lo motivaba graduarse de abogado a él lo motivaba el hecho de poder llevar un título a su ciudad natal, de la cual no salían muchos profesionales , y lo motivaba el hecho de ayudar a personas inocentes que no podían defenderse solos...

Sea cual sea tu mal hábito, siempre podrás cambiarlo, tú siempre vas a ser capaz de generar hábitos que te acerquen al presente que quieres y al futuro que aspiras, aférrate a una razón poderosa, ten fe, que si se puede.

CAPÍTULO III

EL PRIMER PASO DE GIGANTE

Ya sabemos lo que son los hábitos y por qué llegaron a tu vida, probablemente a estas alturas identifiques qué hábito trae consecuencias perjudiciales para ti y para los que te rodean, no obstante, aún no has podido deshacerte de él o ellos, pero… ¿Por qué cuesta tanto dejar un mal hábito?

Existen varias razones, pero principalmente lo que sucede es:

1) Aún no eres consciente de que tienes un mal hábito

2) Estás intentando eliminar tu mal hábito, cuando lo correcto es reemplazarlo.

3) Te estás centrando en el resultado final y no en el camino para llegar a él.

El primer paso para dejar un mal hábito es detectarlo, es muy probable que sepas que tienes un mal hábito esto debido a que por lo general, un mal hábito no solo te afecta negativamente a ti, sino también a tus seres queridos.

Los malos hábitos tienen una característica muy particular y es que ellos dejan una recompensa de disfrute para nuestro cerebro, a corto plazo, razón por la cual, se hace más repetitivo y casi imposible borrarlos, es así como tomar mucho café, comer comida rápida habitualmente, comer muchos dulces, entre otros hábitos están muy anclados a lo más profundo de nuestro ser.

Los hábitos adquiridos mientras vamos creciendo, aquellos a los que comúnmente denominamos vicios son generalmente malos hábitos, ejemplo de ellos tenemos el cigarrillo, el alcohol y muchos más. Estas prácticas un día llegaron a nuestra vida y sin saber cómo, pasaron a formar parte de nuestra vida diaria... entonces te encuentras a personas que te dicen: debo fumar un cigarro antes del desayuno, o bien, no me voy a dormir sin antes beber una cerveza u otros hábitos que parecen más inocentes como el comer algún bocadillo justo antes de la hora de dormir y así un sin fin de hábitos que no existirían suficientes páginas para escribirlos si se trataran de enumerar por escrito.

Los hábitos están anclados a lo más profundo de nuestra mente y es prácticamente imposible eliminarlos porque forman parte de nuestro mapa mental, pero el hecho de que sea casi imposible, no quiere decir que sea imposible, es posible porque tú tienes el poder para realizar todo lo que te propongas, siempre que tengas confianza en que lo puedes lograr.

Debes tener fe en quien te ha creado por amor, que te quiere feliz y voluntad para poder cambiar.

¡Un hábito no se elimina, se transforma, programando un nuevo hábito en su reemplazo!

Para eliminar un hábito perjudicial debemos adquirir un nuevo hábito que nos beneficie, y para adquirir un nuevo hábito debemos trabajar mucho en ello, es un trabajo que tiene una gran recompensa y por esta razón vale la pena...

Todos estamos llenos no solo de hábitos, sino también de creencias, algunas creencias son limitantes, otras son potenciales, pero ambas fueron incorporadas en nosotros al igual que los hábitos, desde nuestra infancia y otras a medida que fuimos madurando como personas, otra forma de decirlo sería: unas creencias fueron incorporadas por nuestros adultos responsables con sus enseñanzas y ejemplo de vida y otras las incorporamos nosotros mismos con base en nuestra propia experiencia.

Para crear un nuevo hábito debes enfrentarte a las creencias limitantes y también a otro elemento más, que son los saboteadores internos. Los saboteadores internos son pensamientos que llegan a ti cuando estás a punto de ejecutar un plan para obtener algún beneficio para tu vida; es decir, si estás pensando en crear un buen hábito, como por ejemplo, de salir a caminar todas las tardes por treinta minutos, tu saboteador interno va a comenzar a hablarte con el propósito de hacerte desistir de tu objetivo, es así como escucharás a tu mente decirte frases como:

¡Mejor no vayas hoy!

¡Va a llover!

¡Esto no me ayudará en nada!

Ahora bien...

¿Cómo creamos un hábito que sustituya un mal hábito?

Sencillo, primero detecta el mal hábito.

Si quieres dejar de comer bocadillos antes de dormir...

¡Revisa tu alimentación!

Pregúntate... ¿Estoy alimentándome adecuadamente?, si te estás alimentando bien; es decir, haciendo tres comidas al día más dos meriendas cada una en su estricto horario, además de comer balanceado, lo más probable es que no te dé hambre antes de la hora de dormir.

Luego de detectado el mal hábito debes enseguida trabajar en crear un hábito que le reemplace, la mayoría de las personas para anclar un nuevo hábito tardan 21 días, esto no es un mito, muchas investigaciones lo confirman, empezando por Maxwell Maltz quien fue un reconocido cirujano de la universidad de Columbia en la década de los años 50, él comenzó a darse cuenta de que sus pacientes tardaban 21 días para acostumbrarse a su nueva imagen cuando él debía modificarse alguna parte de su rostro e igualmente determinó que el síndrome del miembro fantasma sufrido por las personas a las cuales había que hacerle alguna amputación tardaban 21 días en superarlo y acostumbrarse a su nuevo estado.

Para ayudarte a deshacerte de un mal hábito, es conveniente que te hagas ayudar por medio de Afirmaciones Positivas. Las afirmaciones positivas son frases que se elaboran con el objetivo de lograr anclar un pensamiento positivo a la mente subconsciente mediante sus repeticiones y una vez allí instalada hacerla realidad.

La mente tiene poder en nosotros, si crees que no eres capaz de hacer algo, tu mente inconsciente hará lo posible por sabotearte y en verdad no serás capaz de hacer aquello que aseguraste que no harías; en cambio, si crees que puedes lograr un objetivo y te convences de eso, lo vas a lograr.

Fuiste creado para ser feliz y hacer feliz a los que te rodean, Dios quiere tu felicidad, pero respeta tu libertad, así que está en ti cambiar ese mal hábito que no te deja prosperar...

Una de las razones por las cuales muchas personas fallan en la adquisición de un nuevo hábito es la falta de constancia, y esta se establece cuando el hábito se ancla a una fuerte motivación, así de nada serviría que te pongas de objetivo establecer una rutina diaria, como la de salir a caminar o trotar media hora al día si no tienes una razón fuerte para hacerlo, si alguna actividad o su resultado no te gusta o apasiona, por más repeticiones que hagas de la misma actividad pronto vas a terminar por abandonarla, esto debido a que no le encuentras sentido. Es estrictamente importante encontrar el sentido a todo lo que hacemos, todo ha de tener un porqué y para qué.

Ahora bien, no podemos centrar nuestra atención solamente en los resultados, debemos disfrutar del camino y es aquí en donde las afirmaciones positivas juegan un papel fundamental.

Todos nosotros tenemos constantemente un diálogo interno o una conversación con nosotros mismos, cuando este diálogo está compuesto de pensamientos negativos, son tus saboteadores internos que te están hablando y robando potencial y energía; si por el contrario, son frases positivas, entonces estás frente a una gran fuente de poder, capaz de impulsarte a donde quieras llegar. Un saboteador interno, al igual que un mal hábito, no puede destruirse por completo, debe reemplazarse y esto requiere primero ser identificado.

Si tu hábito adquirido es despertar después de las 8 am y quieres despertar antes para salir a trotar, tu saboteador interno empezará a dictarse frases como: ¡No eres capaz!, ¡Eres un flojo! Etc. Tú debes crear frases que repitiéndolas constantemente, reemplacen o silencien a ese saboteador.

¿Cómo crear Afirmaciones Positivas?

La finalidad de una afirmación positiva es ayudarnos a sentirnos bien ante las dificultades de la vida, son útiles para ayudarnos a crear una realidad favorable.

Ahora, para crear una afirmación positiva debes conocer sus características:

. Son personales, para elaborarlas debes hacerlo en primera persona.

. Deben ser cortas.

. Se formulan en tiempo presente

. Tienen que ser sencillas

. No pueden ser ambiguas

Las Afirmaciones Positivas siempre deben realizarse en forma positiva. Decir:

¡No me quedaré dormido!

Es una afirmación negativa, la forma correcta debería ser:

¡Despertaré temprano!

Como no pueden ser ambiguas lo más correcto, es decir:

¡Me levantaré a las 5 am!

El problema con iniciar una frase positiva con la palabra NO es que nuestra mente inconsciente no reconoce la palabra no, entonces si te grabas la frase, "No me quedaré dormido", el subconsciente está entendiendo "Me quedaré dormido". Y en eso se centrará.

Ejemplos de frases positivas

. ¡Yo soy capaz de levantarme a las 5 am y saldré a trotar!

. ¡Dormiré a las 9 pm!

. ¡Yo soy capaz de dejar de fumar!

. ¡Puedo aceptarme como soy!

. ¡Dejaré de morder mis uñas a partir de hoy!

. ¡Solo beberé una taza de café al despertar!

Si logras anclar frases positivas de acuerdo a tus necesidades a tu mente inconsciente, muy pronto serán parte de tu vida.

Entonces…

Escríbelas en papelitos de colores, pégalas en el baño, en tú cuarto, en la cocina, utiliza un cuaderno de autoayuda, escribe las frases y haz anotaciones de tus progresos, proyecta decir en voz alta la frase que quieres incorporar a tu mente en tres momentos del día con varias repeticiones. Aprende las frases y vívelas, al mismo tiempo ve incorporando el nuevo hábito, si es despertar más temprano y salir a correr, comienza hoy, no lo dejes para mañana, y si comienzas hoy, pero mañana no te convenciste de ir y fallaste, perdónate y vuelve a comenzar.

Nadie gana una carrera sin prepararse, un mal hábito tarda un largo tiempo de tu vida en instalarse, así mismo tardarás en desinstalarlo e instalar uno nuevo, y lo vas a lograr siempre que confíes y tengas la determinación de que lo lograrás.

Siempre recuerda que estás en el mundo para ser feliz y serás feliz en la medida que llegues a ser la mejor versión de ti, por lo tanto, tienes esa gran motivación de tu lado y también a todos aquellos que te aman, solo tienes que ganar autoconfianza.

Como dice una antigua enseñanza…

Si tú subes a lo alto de una montaña solo, y se aproxima una tormenta por lo que debes buscar refugio y bajar lo más pronto que puedas, todos tus seres amados y conocidos pueden creer que lo lograrás, todos pueden confiar que tienes potencial para lograrlo, pero si tú no crees en ti, vas a fallar.

Entonces, tú puedes desinstalar todo mal hábito y puedes incorporar hábitos nuevos en su reemplazo a partir de la confianza en uno mismo.

En todos nuestros propósitos de vida, debemos disfrutar el camino para llegar al cumplimiento de nuestros objetivos, cuando nos enfocamos sólo en el resultado, solemos frustrarnos, esto se debe a que los seres humanos por naturaleza, generalmente somos poco pacientes y queremos obtener todo de una sola vez, lo más rápido posible. Al ver que no avanzamos, solemos defraudarnos de nosotros mismos y entonces nos atacamos más y más. Es por esto que el enfoque debe ser en los pequeños pasos diarios, sin los cuales no pudiéramos dar grandes pasos en nuestra vida.

Tener registrado tus avances en tu cuaderno de autoayuda y autofelicitarte, es de vital importancia, por ello, esta técnica deberás incluirla en tu vida para obtener los resultados esperados.

No te centres en tus tropiezos, si tu nuevo hábito es dormir menos en el día y más durante la noche, pero hoy te quedaste dormido sin escuchar la alarma del despertador. No te angusties, mañana será otro día, aprende a perdonarte y mantén la motivación de que lo vas a lograr.

Recuerda que luego de 21 días consecutivos no necesitarás la alarma para despertarte temprano y así muchos buenos hábitos quedarán anclados a ti por lo que tus malos hábitos quedarán desplazados de tu vida.

Resumiendo:

- Para deshacerte de un mal hábito es necesario hacerte consciente que lo tienes y que te estás causando daño.

- No se puede eliminar un mal hábito, se debe sustituir por otro y este hábito sustituto debe ser favorable para ti.

- Las afirmaciones positivas son frases elaboradas por ti que al memorizarlas quedan grabadas en tu mente subconsciente y se harán realidad en tu vida.

- Los saboteadores internos debes ignorarlos, y para ello debes apoyarte en gran medida de las afirmaciones positivas que creaste.

- Enfócate en el camino y no en el resultado.

Los hábitos se pueden construir y también pueden destruir por eso todo comienza con la decisión de empezar con el cambio...

Consejos prácticos para empezar:

. Primero, ponerlo en un papel por escrito, en un lugar en el que lo veas todos los días, como fuente de motivación

. Crear alertas en tu celular por un mes a la misma hora (de esta manera te aseguras que nunca se te olvide)

. Crear una rutina de acciones a seguir inmediatamente después de realizar la acción (realizar una acción inmediatamente después de realizar otra)

. Contar hasta 3 para realizar el hábito, ¡Sin excusas! (Hacer una cuenta rápida y al número 3 dejar todo y realizar el nuevo hábito)

. Empezar como máximo una secuencia de 2 hábitos a la vez (ejemplo, comer una fruta y luego dar una vuelta caminando a la manzana) Si agregamos más secuencias de hábitos al comienzo puede ser difícil de sobrellevar y por ende se puede perder el avance.

CAPÍTULO IV

EL INTERÉS COMPUESTO EN LA VIDA

La **Motivación** es un proceso que está conformado por factores capaces de producir, mantener y dirigir nuestra conducta hasta el cumplimiento de un objetivo. Un ejemplo cotidiano es el sentir hambre y dirigirse a buscar algo para comer.

La motivación tiene un papel fundamental en nuestro día a día. Cuando estamos dispuestos a empezar un hábito nuevo o a dejar uno que ya no queremos tener, en todo lo que nos propongamos dependerá en gran medida de qué tan motivados estemos.

El ejemplo más ilustrativo es el de una persona que desea dejar de fumar, esto lo logrará con un grado de mayor o menor dificultad dependiendo de las motivaciones internas y externas que este tenga.

Las motivaciones en una persona pueden ser variadas como por ejemplo las presiones sociales, la advertencia del médico de una enfermedad relacionada con el cigarrillo, etc.

La motivación o el interés que tengamos en lograr un objetivo específico, como la creación de un nuevo hábito, depende en gran parte de nuestros valores.

Ante todo nuevo reto, tal como hablamos en capítulos anteriores, hemos de tener una causa que te impulse a querer formar y mantener un determinado hábito. Si quieres bajar de peso debes hacer un plan para lograr tu objetivo, este plan incluirá una alimentación balanceada y además en horarios específicos, ejercitarte dada tus condiciones físicas, más la creencia de que puedes lograrlo.

Si te da igual perder peso o no, te dará igual si hoy sigues tus horarios específicos para comer o sigues saltándote las comidas como lo has venido haciendo hasta hoy.

Si quieres crear un hábito tal como se ha explicado en el capítulo uno, debes anclarlo a un activador y si quieres mantener un hábito debes crearlo con base en un interés; es decir, a algo que te motive. De nada sirve que hoy salgas a trotar y luego pasen dos días consecutivos sin que lo hagas.

¿Entiendes la idea, verdad?

La desmotivación es la principal causa de abandono de cualquier actividad, también lo es cuando colocamos nuestros motivos en las causas equivocadas.

Entonces… ¿Qué hacer?

El amor propio es la principal razón para añorar bienestar, pero muchas personas están enfermas emocionalmente y no pueden amarse o sentir el amor que se tienen, sanar esa enfermedad emocional es lo primero que debes resolver, naciste para ser feliz y si no te amas no podrás amar sanamente a quienes te rodean

Quien no ama no vive...

Louise Hay, describe en algunos de sus libros una técnica denominada la técnica del espejo, la cual te muestra el camino para aprender a amar tu propio reflejo, dice la autora que la imagen que tienes de ti mismo es la imagen que tienes del mundo, y también es la imagen cómo crees que el mundo te ve.

Por eso debes anclar tu nuevo hábito a una causa correcta, por amor a ti y a los que amas y no por causas erróneas, como por ejemplo, agradar a las personas equivocadas.

Si eres un adicto al cigarrillo y ya eres consciente del daño que estás haciendo a tu persona y a los que te rodean, debes dejar de fumar.

Tu familia, sobre todo los más vulnerables, han de ser una causa que te impulse a dejar este mal hábito, que todos gocen de salud es una razón correcta para querer dejar este nocivo hábito, pero el querer demostrarle a alguien específico de lo que eres capaz, no sería una causa sana ni poderosa.

Una razón poderosa es aquella que no va a amutar con el tiempo, por ejemplo, dejar de fumar para dar buen ejemplo a tus hijos, es una razón poderosa, ya que tus hijos siempre serán tus hijos y ellos, aunque no lo creas siempre te están observando... Dejar de fumar por mejorar tu salud o no enfermar es también una razón poderosa, esta razón no cambia, si no paras de fumar indiscutiblemente vas a enfermar hasta posiblemente morir o no tendrás salud suficiente para vivir a plenitud. Dejar de fumar para demostrarle a alguien que puedes hacerlo, esta no es una razón poderosa, ya que si esa persona te demuestra que no le importa nada si logras o no tu objetiv, vas a volver a verte en la tentación de fumar y lo más probable es que lo sigas haciendo.

Recuerda… No tienes nada que demostrar

Tener interés en lo que deseamos hacer, es un ingrediente primordial para lograr el objetivo, no es lo mismo querer aprender inglés por compromiso, porque es una asignatura más de la carrera que estudias, o porque tu jefe te está exigiendo el certificado de un curso de inglés a querer aprenderlo porque quieres hacer un viaje con tu familia. La segunda causa te dará más razones para no desfallecer en lo que te has propuesto hasta lograr el objetivo.

Existen numerosos ejemplos vivenciales de cómo la falta de motivación puede ocasionar que no logres un objetivo que es vital para tu existencia:

- Subir a una montaña muy alta solo, y enterarte de qué debes abandonar el lugar porque se aproxima una tormenta. Aunque todas las personas que te aman crean en ti y en tu capacidad para volver, es posible que no regreses de esa montaña si no tienes una motivación por sobrevivir.

- Cuando una persona sufre un accidente, realmente puede quedar abatido hasta morir si no tiene una fuerte motivación que le ayude a salir adelante.

- Algunos animales como los perros, cuando mueren sus dueños, muchas veces se dejan morir de la tristeza, dejan de comer, hasta llegar al punto de morir, porque no encuentran nada que les impulse a seguir viviendo.

Todo el interés o motivación que tengas para lograr un objetivo te va a ayudar a crear ese hábito que necesitas para cumplir la meta que te estableciste.

Si actualmente has descubierto que en tu familia existe predisposición genética para la diabetes, entonces por amor a tu familia deberías comenzar a comer balanceadamente y dejar de comer alimentos ricos en sacarosa.

Hasta ahora también hemos visto que existen herramientas que te ayudarán a conseguir un nuevo hábito o a dejar atrás uno no conveniente para ti, ahora es muy importante que mentalices que debes tener interés o motivación para eso que te estás proponiendo. El ser humano funciona con la psicología de la recompensa. Piensa por un momento en un niño, cuando le dices que recoja sus juguetes. En la mayoría de los casos, el niño de forma obediente irá y recogerá sus juguetes, pero... Si le dices que le darás un chocolate si los recoge y ordena bien, el niño lo hará con mucha mayor motivación y entonces se enfocará más y no se dará por vencido hasta terminar su labor. Exactamente así pasa con los adultos y los hábitos, cuando estamos motivados para adquirir un hábito, cuando tenemos un interés en particular, es mucho más fácil cumplir con la meta que nos hemos puesto.

Los hábitos que tienes hoy te direccionarán a ser la personas que serás mañana, si eres consciente de que tienes un hábito perjudicial o un vicio debes entender que es muy posible que tu futuro no sea el que tú esperas, por ello, pon el trabajo en marcha y con todas las herramientas que ya tienes a la mano, aférrate a un interés, a un propósito tan poderoso que te sea imposible fallar.

CAPÍTULO V

EL TIEMPO VALE MÁS QUE EL ORO

Lo más valioso que existe en el mundo es el tiempo, mucho más que el dinero, porque es el tiempo el que te permite vivir, disfrutar de la vida, de salud, de éxito, y te da la oportunidad de hacer todo y lograr todo lo que te propongas en la vida. Tener dinero y no tener tiempo, por el contrario, no sirve de nada.

Sabiendo que lo más importante que tenemos es el tiempo es importante no desperdiciar el tiempo en cosas que no nos benefician, principalmente hablamos de los malos hábitos, como por ejemplo ver televisión por horas, dormir más de 12 horas, pasar horas de horas en las redes sociales, tomarse días en tomar decisiones sencillas y sobre todo procrastinar.

Si nos organizamos bien, ese tiempo bien aprovechado puede llevarnos a vivir la vida de nuestros sueños, solo es necesario, organización y disciplina para no caer en la tentación a corto plazo.

*"Lo único que no se recupera nunca en la vida cuando se pierde, es
el tiempo transcurrido"- Confucio*

El tiempo tiene un valor que no se puede comparar con
ningún bien material del mundo, de qué sirve ganar todo el
dinero del mundo si no te dedicas a ser feliz junto a las
personas que amas.

Las personas muy especialmente los niños que están bajo
nuestra responsabilidad a pesar de que es nuestro deber
trabajar para brindarles todo lo necesario para vivir bien,
olvidan los bienes materiales que les proporcionas cuando se
los das sin un fundamento, lo que no olvidan jamás es el
tiempo que le dedicaste, un hijo nunca olvidará ver a su padre
regresar muy cansado del trabajo y ponerse a jugar un rato
con él, tampoco olvidarán verle pelear con el cansancio y el
sueño para prestar atención a lo que él les está contando.

Obviamente también recordará aquel juguete que tanto
quería, pero mucho más que el juguete, será lo que le generó
el sentimiento de amor y agradecimiento hacia su padre.

El tiempo jamás se recupera, por eso es importante crear
hábitos que nos permitan disfrutar de nuestra familia y pasar
tiempos con ellos.

Sería muy prudente hacernos un autoexamen a razón de
conocer cuánto tiempo en el día utilizamos en actividades
provechosas y cuánto tiempo malgastamos en actividades sin
sentido. Descubrirás que posiblemente se te va parte del día
en actividades como estar frente a la TV.

La clave es gestionar tu tiempo libre de manera que el día sea más provechoso.

Si sabes que tienes sobrepeso, puedes generar un hábito de caminar con alguien que disfrute también hacerlo, de esta manera estás generando un impacto positivo en ti al regresar del trabajo, de igual manera si tienes una mascota, será una actividad mucho más fácil y divertida para tus hijos.

El destino de las personas está condicionado por nuestras acciones, por cada pequeña acción que hacemos o dejamos de hacer en el día.

Crear hábitos buenos ayuda no solo a ponernos en camino a la meta que queremos cumplir, sino que también nos ayudará en la gestión de nuestro tiempo, por el contrario, los hábitos malos nos hacen perder el tiempo, y si son hábitos muy malos o vicios perderemos la vida, ya que, no vivimos a plenitud.

Todos los días tienen 24 horas y todas las personas tenemos la misma cantidad de horas al día, la razón por la cual a algunas personas les es más provechoso el día que a otras es por la gestión que hace cada cual con el tiempo.

Cuando logramos gestionar bien las horas de nuestro día, se nos va la sensación que sufren algunas personas que están perdiendo su vida. La mejor forma de aprovechar cada minuto es creando hábitos favorables.

La más grande excusa que suelen poner algunas personas que tienen un sueño sin realizar, es la falta de tiempo, no obstante, esa falta de tiempo es el resultado de malos hábitos acumulados en el transcurso de los años. Los malos hábitos son los responsables de que vivamos un estilo de vida que no queremos vivir y que no se logren avances en el camino a una meta o sueño.

"Siembra un acto y cosecharás un hábito, siembra un hábito y cosecharás un carácter, siembra un carácter y cosecharás un destino". Charles Reade.

El destino de cada uno está condicionado por lo que hacemos o dejamos de hacer en nuestro día.

Las personas no nacemos con hábitos preestablecidos, los vamos aprendiendo y desarrollando en el camino de la vida, tampoco los heredamos, si bien es cierto solemos repetir los parámetros conductuales de nuestros adultos responsables, y también es cierto que al crecer somos capaces de gestionar nuestros hábitos siendo responsables por nuestra conducta.

El que tu padre haya sido alcoholico, no te da el derecho de ser lo mismo...

Cada quien moldea su propia manera de ser, y de comportarse influenciado por el medio donde creció, pero al tener uso de la conciencia, al crecer, hemos de gestionar de todo lo aprendido, lo que es correcto y lo que no.

No es tarea fácil, pero tampoco es imposible.

Llega un momento en que debes hacerte dueño de las riendas de tu vida y crear hábitos buenos que te ayuden a alcanzar tus metas.

La rutina del día, no comienza cuando despiertas, comienza con la noche anterior, en cuanto a

¿Cómo dormiste?

¿Cuántas horas de calidad de sueño tuviste?

Si no descansas bien, al día siguiente perderás mucho tiempo debido a que estarás cansado, no puedes rendir para trabajar, ni para pasar tiempo con tu familia. Debes de ser muy respetuoso con el horario para dormir, no acostarte más tarde y tampoco debes dormir más de lo requerido, ambos atacan tu sistema neurológico y mueren neuronas, sin posibilidad de regeneración.

Debemos crear un ritual personalizado para iniciar el día, se trata de buscar un motivo que haga que te levantes contento y te ayude a disfrutar el día. Luego de asearse y comer un rico desayuno salir a caminar, dar un paseo a tu perro, caminar temprano, hacer algo de ejercicio por la mañana, serán actividades que te harán mucho bien.

- Cada día debes priorizar tus actividades, hacer una lista de que actividades son más importantes y cuáles urgentes. Deshacerte de lo urgente te ayudará a estar más tranquilo para resolver lo importante, anota también todo lo que quieres hacer en el día, no solo lo que debes hacer.

- Mide el tiempo que inviertes en cada actividad: Muchas veces decimos que veremos una serie y al final terminamos viendo dos o tres episodios... O queremos hacer 20 minutos de ejercicio, pero gastamos más tiempo porque nos entretenemos en trivialidades. Debes gestionar el tiempo utilizado, prestando atención en cuanto tiempo gastas en cada actividad

Las afirmaciones positivas son excelentes aliadas a la hora de gestionar tu tiempo, creando frases como:

- Yo hoy utilizaré 15 minutos para hacer mis ejercicios

- Hoy solo veré un episodio de mi serie favorita

- Soy perfectamente capaz de ir a dormir a las 9 pm

- Dormiré una pequeña siesta muy provechosa a las 2 pm

- Tardaré 10 minutos en mi ducha diaria.

Estas frases afirmativas te van a ayudar a formar buenos hábitos que te ayudarán a gestionar tu tiempo y te acercarán a tu meta.

- ¡Aprende a decir que no! dijo una ilustre personalidad... "La bondad ha de incluir la capacidad de decir no" y es que si somos personas que aun estando ahogadas en actividades y alguien nos pide que le hagamos un favor (hablo de esos favores que no son de vida o muerte) y por vergüenza decimos que sí, entonces no estamos siendo bondadosos, todo lo contrario, estamos siendo sumisos, lo que irremediablemente nos alejará cada vez más de cumplir nuestros sueños.

- Planea el día siguiente listando las actividades que debes hacer mañana, así habrás visualizado tu día y te resultará más sencillo gestionar el tiempo.

Nunca olvides que la constancia es un ingrediente fundamental en la construcción de los hábitos y la construcción de los hábitos es fundamental para hacer realidad tus metas.

Siempre es muy recomendable anclar un hábito a una meta de mediano o largo plazo, por ejemplo, si deseas hacer un viaje con tu familia a un país en el que se hable francés, proponte el hábito de aprender una media hora diaria de este nuevo idioma, esa media hora inviértela explicándole a tus hijos o amigos, o si lo prefieres estudia desde el principio con ellos, todo tiempo que inviertas en tu familia jamás podrá ser tiempo perdido.

Si los malos hábitos te roban el tiempo y la calidad de vida, los buenos hábitos te ayudan a vivir un presente idóneo y a construir un futuro soñado.

Recuerda que la vida es un instante, el tiempo pasa muy rápido, pero los buenos momentos se quedan para siempre dentro de nosotros. No pueden existir buenos momentos si no cosechamos un buen porvenir junto con el mañana que empieza justamente hoy.

El tiempo siempre será más valioso que cualquier bien material, y es una de las pocas cosas que el dinero no puede comprar.

Existen innumerables anécdotas e historias referentes al valor del tiempo, me gustaría compartir una que leí hace un tiempo, desconozco su autor, pero puedes encontrar la versión original si buscas en internet: "El valor del tiempo, El granjero y sus tres hijos"

El granjero y sus tres hijos

Cuenta una antigua leyenda china referida al valor del tiempo, la historia de Tom que era un agricultor que tenía tres hijos. Tom sacó adelante a sus tres hijos con mucho esfuerzo, ya que no solo debía trabajar duro su terreno para producir la cosecha para el sustento de su familia, sino que también debía ayudar a los niños con sus tareas del colegio y hacer las labores del hogar, esto debido a que perdió a su esposa pocos meses después de nacer su tercer hijo.

Los años pasaron y el hijo mayor llegó a ser un rico hombre de negocios, en una ciudad cercana; el segundo hijo estudió ciencias políticas y obtuvo un importante cargo en el gobierno; y el hijo menor compró un campo a muchos kilómetros de su hogar.

El agricultor extrañaba mucho a sus hijos quienes no iban a visitarlo muy seguido, debido a que estaban ocupados en sus importantes trabajos. Se acercaba su cumpleaños número 77, sus amigos quisieron hacer una fiesta grande para celebrarle su cumpleaños. Invitaron a mucha gente, incluyendo a sus tres hijos.

El granjero estaba muy emocionado.

El día de su cumpleaños, el agricultor se sentó afuera, esperando a sus hijos. Aunque estaba muy agradecido con sus amigos, poco le importaba la fiesta, él estaba muy emocionado porque iba a ver a sus hijos y nietos, pasaban las horas y nadie llegaba hasta que pudo divisar un carruaje por el camino y su corazón empezó a emocionarse. "Debe ser uno de mis hijos pensó el hombre. Pero era solo la esposa de su segundo hijo.

- Él no pudo venir —le dijo—. Pero le manda un regalo maravilloso: le envía estas llaves y título de propiedad, le compró una hermosa casa.

El agricultor le agradeció, y esperó, al venir otro carruaje. Dentro de él se encontraba la esposa de su primer hijo. Ella le dijo que su esposo lamentaba no haber podido venir, pero le enviaba un hermoso carruaje, como regalo por su cumpleaños.

Finalmente, el viejo agricultor levantó la vista y vio a su hijo menor, con toda su familia, caminando hacia él.

- Papá, no pudimos traer un lindo regalo. No nos ha ido bien con nuestra granja este año. Pero, queríamos verte y decirte que te amamos.

El agricultor sonrió, y lágrimas de gozo corrieron por su rostro.

- Ese es el mejor regalo que podrían haberme dado —dijo. Y juntos entraron en la fiesta.

Es el tiempo, el tiempo que regalas a los que amas lo que hace la diferencia.

Gestiónalo de manera que te permita tener vivencias de calidad con tu familia, que se alinee con tus intereses. Comparte los gustos que tienen en común y trabaja en un futuro en el cual puedan todos juntos disfrutar de lo que tienen.

Las metas que puedas tener, las tendrán más cerca mientras mejor gestiones tu tiempo.

Los buenos hábitos te ayudarán a gestionar este valioso e irrecuperable recurso.

"El tiempo, siempre es el tiempo lo más importante"

Poema - El verdadero valor del tiempo

"Para darse cuenta del valor de un año,

Pregúntale a un estudiante que ha fallado en un examen final.

Para darse cuenta del valor de un mes,

Pregúntale a una madre que ha dado a luz a un bebe prematuro.

Para darse cuenta del valor de una semana,

Pregúntale al editor de un diario semanal.

Para darse cuenta del valor de una hora,

Pregúntales a los novios que esperan para verse.

Para darse cuenta del valor de un minuto,

Pregúntale a la persona que ha perdido el tren, el autobús o el avión.

Para darse cuenta del valor de un segundo,

Pregúntale a la persona que ha sobrevivido de un accidente.

Para darse cuenta del valor de un milisegundo,

Pregúntale a la persona que ha ganado una medalla de plata en las olimpiadas"

"El tiempo no espera a nadie, Atesora cada momento que tengas."

¿Estás disfrutando de este libro?

Si estás disfrutando este libro y consideras que te está aportando algo bueno para tu vida, me encantaría recibir tu apoyo

Espero que puedas tomar un minuto y dejar una reseña

¡Gracias por tomarte el tiempo!

Tu reseña realmente hace una gran diferencia para mí

CAPÍTULO VI

ORGANIZANDO MI MUNDO

Para organizar tu mundo y tomar decisiones luego de conocer tus malos hábitos, es necesario conocer lo que debes cambiar antes de empezar en tu entorno (lugares, personas, eventos, programas de TV, etc.)

Ya a esta altura del libro te he hablado de los malos hábitos, los vicios y los buenos hábitos, conoces el valor que existe en tener buenos hábitos porque te ayuda a ser la mejor versión de ti mismo y por ende a cumplir tus metas o sueños. Ahora bien, hablemos referente a cómo debemos organizarnos para cumplir nuestras metas.

Los buenos hábitos en sí son disciplina y organización, quien tiene buenos hábitos es una persona organizada y está más cerca de cumplir cualquier meta que se proponga.

Si te estás dando la tarea de abandonar un mal hábito o vicio, como por ejemplo dejar de fumar, has de concientizarte en que no puedes frecuentar ciertos lugares en donde podrías caer en la tentación de fumar, como por ejemplo fiestas con tus amigos.

Si en verdad quieres mejorar tu vida, debes empezar por mejorar tu día. Si antes solías ir al casino todas las tardes con tus amigos, debes sustituirlo por uno al que le puedas sacar mayor provecho como hacer ejercicio, o quedarte dentro de casa empezando un nuevo proyecto que te permita ser mejor en tu trabajo. Todo es cuestión de organización...

Disfruta de tu presente y planifica el futuro creando estrategias que te ayuden a construir ese objetivo al cual aspiras.

La vida nos dice que no nos angustiemos por el mañana, pero muchas personas parecen haber entendido... ¡despilfarra el presente!... y estas personas viven votando cada minuto de su vida en actividades que no les traerá ningún provecho para ellos, ni para las personas que aman.

Ordena tu día de manera que no quede espacio para los vicios, enfócate en tu presente que te llevará al futuro que aspiras.

Nadie legalmente puede entrar a un país del que no tiene nacionalidad, si no tiene sus documentos en regla, quien pretende viajar ha de organizar su viaje de manera muy disciplinada; así mismo, hemos de organizar nuestro presente para estar tranquilos y ser feliz hoy y mañana.

Primero identifica tus hábitos perjudiciales; es decir, los que te están impidiendo vivir a plenitud tanto a ti como a tu familia, si tienes la mala costumbre de pasar dormido toda la mañana del día domingo y en la tarde estas sin energía queriendo solamente ver la televisión, puedes tú mismo cuestionarse el motivo...

¿Cómo llegó ese mal hábito a ti?

Tal vez no tengas respuesta para esta interrogante, es posible que lo aprendieras de tus padres o abuelos

Tal vez lo aprendiste en tu época de estudiante, quizás un amigo o persona que admiras mucho te dijo que el domingo era sólo para descansar y tu mente inconsciente lo tomó muy en serio.

Lo cierto es que en tu presente conocer la causa del mal hábito no te va a ayudar mucho, ya el tiempo pasó y tú tienes el poder para redireccionar esa mala conducta, evitando así que se propague a tus hijos y permitiéndote de hoy en adelante vivir mejor. Vivir a plenitud cada domingo.

Cuando detectas el mal hábito, lo correcto es sustituirlo por un hábito nuevo, lo cual es una tarea que requiere de mucha dedicación y esfuerzo, pero es 100% posible, ya que tienes detectado a un antiguo adversario, por eso, hoy tienes muchas herramientas a la mano para lograr crear hábitos saludables que te ayudarán a cumplir tus objetivos.

El valor de la familia

A Diego todos le tenían por responsable en su trabajo, él siempre llegaba temprano, no le importaba si tenía que trabajar sobre tiempo, siempre él era el que estaba dispuesto a quedarse después de la hora de salida e incluso también era el que iba los fines de semana si hacía falta.

Para su jefe era el empleado ideal. Para los compañeros de oficina era su salvamento, ya que como se ofrecía a hacer casi todo, ninguno de ellos tenía que tan siquiera pensar en tener que quedarse ni un minuto más después del horario de salida.

De Diego no podían decir ni los compañeros del trabajo ni los vecinos que tuviera algún vicio; sin embargo, su familia sí sabía que existía algo estaba haciendo estragos en la vida de Diego sin que él pudiera hacerse consciente de ello, o no por lo menos al principio.

Diego tenía a su esposa y dos hijos, uno de los cuales jugaba al béisbol y participaba en muchos torneos regionales, torneos a los cuales Diego no asistía, a su otro hijo le encantaba pintar, tenía un talento verdadero para ello, razón por la cual su mamá lo inscribió como actividad extra en un curso de pintura, solo tenía 10 años y ya había participado en dos galerías donde vendió tres pinturas de las cuales una parte de la ganancia era donada al hogar de niños perdidos de la ciudad.

Diego no estaba enterado de esto. Diego vivía con su esposa e hijos, pero no en un hogar, él solo vivía para trabajar y en casa llegaba a comer, darse un baño y dormir.

Cuando los niños eran más pequeños añoraban tener a su padre en casa, esperaban con ansias el fin de semana, no obstante, Diego casi no prestaba atención, él solo pensaba en el trabajo, así que en la actualidad era un poco incómodo para los niños cuando su padre estaba en casa, no sabían de qué hablar, les parecía un total desconocido.

La esposa de Diego estaba muy enamorada de él, pero sufría al ver a sus hijos crecer sin la cercanía de un padre, y ella estaba en ausencia de su esposo quien se encargaba de los gastos de la casa y les daba todo lo necesario, menos su propia compañía.

Entonces se le ocurrió lo que algunos podrían considerar una terrible idea, como ya había hablado mucho con su esposo de que procurara pasar más tiempo en casa, pero aún así, no se veía ningún resultado, una mañana muy temprano después dejar a sus hijos en sus respectivos colegios se dirigió al trabajo de su esposo a hablar directamente con el jefe de su esposo, allí fue cuando se enteró de que en esa empresa no obligaban a ningún empleado a trabajar sobre tiempo, que Diego era un hombre muy trabajador que se ofrecía a ayudarle a él sacándole de cualquier apuro, que no tenía ningún empleado, ni había tenido algún empleado tan valioso como él. Fue muy duro para la esposa el saber que Diego trabajaba a destiempo por voluntad propia, de hecho, ella cuando lo conoció en su primer trabajo sabía que él era un hombre muy comprometido con los deberes, siendo una de las cosas que la cautivó de él.

Entonces, el jefe de la empresa junto con Silvia, acordaron ayudar a Diego, enviándolo más temprano cada día a casa, después de todo se lo debía por todos estos años de duro trabajo y abandono a su familia del cual el jefe se sentía responsable.

Cada vez que fue enviado más temprano a casa, todo empezó a empeorar, a veces nada más al llegar llamaba a la oficina para ver en qué podía ayudar, ya su jefe había hablado con todo el personal y todos tenían prohibido pedir ayuda a

Diego. Así su hijo mayor con 13 años un día enfrentó a su padre y le preguntó que si él no los quería. Diego estaba desconcertado, no comprendía

¿Cómo no quererlos?

¿Qué acaso ellos no sabían lo duro que trabajaba por su familia?

De pronto, empezó el interrogatorio de su hijo...

¿Cuál era la edad la edad de su hermanito?

¿Cuales eran sus actividades favoritas?

¿El color favorito de su madre?

- Diego se conmocionó al darse cuenta de que no conocía ninguna de las respuestas.

En la sala de casa estaban colgadas dos magníficas pinturas y unos tres certificados de asistencia a galerías además de varios trofeos de Béisbol, pero Diego en realidad no sabía nada de sus hijos.

Ese día, sintió que su mundo se venía abajo, no sabía quién era ni qué quería, lloró desconsoladamente como un niño pequeño

- Después de un par de años asistiendo a terapia familiar, Diego finalmente pudo descifrar el motivo de aquella obsesión por el trabajo. Todo se remontaba a su infancia con sus hermanos y su padre.

Mientras crecía se saltó la etapa de juegos y recreación de todo niño, para convertirse en un hombre enfocado en el trabajo y en ayudar a su padre.

Un día ocurrió un trágico accidente con un tractor en donde perdieron la vida el padre de Diego y uno de sus hermanos, quedandose sólo con su hermano que era 15 años menor que él, a quién prácticamente lo adoptó como si fuera su propio hijo.

Trabajaba tan duro para pagarle el mejor colegio y que nada le faltara, pero poco a poco se fue convirtiendo en el reflejo de su padre.

Se esforzaba por hacer todo bien para que su hermano se sintiera orgulloso de él, pero el cansancio no le permitía demostrarlo. Entonces así fue como creció creyendo que todo lo que debía hacer en la vida para ayudar a los demás era trabajar duramente. Al saber la historia todos en la familia lloraron mucho y los niños aun con los estragos productos del abandono comenzaron a amar mucho más a su padre.

Fueron muchas las estrategias que Diego con la ayuda de su familia tuvo que hacer para perder el hábito de desvivirse por el trabajo.

Con el tiempo aprendió a disfrutar de las actividades en familia, de los campeonatos y presentaciones de arte de sus hijos...

Las afirmaciones positivas fueron una de las técnicas que se incluyeron en la terapia de Diego. Como tarea, debía elaborar frases como:

. Mi familia llena mi vida

. Soy capaz de ser feliz relajándome

. Soy valioso por quien soy

Diego debió además elaborar hábitos que le permitían estar distraído, mantener su mente lejos del trabajo.

Pidió a su esposa e hijos traer a su hermano a vivir con ellos y todos aceptaron con gusto así que al cabo de unos días su hermano estaba con ellos recibiendo mucho amor de parte de la familia.

Contar esta historia es muy fácil, haber pasado del abismo hasta donde se encuentra ahora no lo fue, pero el amor puede sanar todas sus enfermedades.

Su poder es único en el mundo y por amor a su familia pudo crear los hábitos necesarios para superar su situación, por amor pudo reorganizar su vida.

Una vez más un cambio de hábitos le devolvió la vida...

CAPÍTULO VII

UNA COSA A LA VEZ

Es necesario enfocar nuestros esfuerzos en desarrollar un solo hábito, una cosa a la vez, esto le da un valor agregado al resultado que queremos lograr a largo plazo y también permite que el enfoque sea mucho mayor. Cuando se quiere hacer muchas cosas a la vez se pierde precisión y a la larga en la batalla por adquirir un nuevo hábito se termina perdiendo; por eso es necesario enfocarse en una cosa a la vez, ya con el tiempo puedes ir subiendo de nivel.

"El que mucho abarca, poco aprieta"

Si implementar hábitos buenos y quitar los malos cambiara nuestra vida, entonces...

¿Por qué no quitar esos malos hábitos de una vez e implantamos los buenos?

La respuesta es sencilla. Quitar hábitos que tienen años con nosotros cuesta, en primer lugar, hay que reprogramar el cerebro y este amigo créeme que es uno de los rivales más duros.

Lo primero que debes hacer es tomar una decisión firme en lo que te comprometes al cambio, es esa decisión que te dice... ¡hasta aquí llegue!... mañana comienzo a cambiar ese hábito que me hace daño.

"En la adquisición de nuevos hábitos o en el abandono de viejos hábitos es importante iniciar el despegue con decisión y nuevas iniciativas para lograrlo" – *William James*

Para ello, debes tomar un hábito a la vez y tomarlo como un reto, llevando un seguimiento de los resultados que vayas obteniendo. Para asegurarse de que estés avanzando, lo mejor es plantear este reto en un papel, escribirlo, y llevar un seguimiento; para eso, puedes ir escribiendo diario, semanal o mensualmente según sea el caso, los avances y los objetivos a medida que los vayas cumpliendo.

Pero esto debe ser hábito por hábito, porque, así como es más difícil plantearnos hábitos si nos ponemos metas grandes, así también será más difícil si son varios hábitos al mismo tiempo los que queremos adquirir.

Realmente puedes ser más productivo si priorizas y enfocas todas tus fuerzas en un solo objetivo, en un solo hábito y luego que lo hayas implantado vas por más.

Intentar cambiar muchos hábitos a la vez hará que le pongas más atención a unos que a otros, y con ello, perderás el enfoque, fracasarás en algunos o quizás en todos y aumentará tu frustración.

Entonces lo mejor es elegir un solo hábito, comienza con compromiso y decisión; es decir, concéntrate en ese hábito, y decide firmemente que lo vas a lograr. Concéntrate durante cierto tiempo. Si te comprometes solo en eso y en conseguir los resultados, también te será más fácil dejar los distractores a un lado.

En segundo lugar, debes aprender a priorizar, si tienes una lista de hábitos que quieres implantar, priorizalos por orden de urgencia, por ejemplo, tienes estos hábitos pendientes y sus respectivas razones para incluirlos en tu vida.

- Comenzar a masticar lentamente, porque estoy teniendo problemas estomacales.

- Levantarse 15 minutos más temprano para encontrar estacionamiento, porque debo dejar el carro bajo el sol inclemente si no encuentro un buen puesto.

- Lavar el carro todos los jueves, para tener más tiempo de salir los fines de semana.

¿Con cuál de los hábitos empezarías?

Obviamente, la prioridad es la salud así que empezamos con el primero... Comenzar a masticar lentamente.

Tal vez pienses que son hábitos muy simples y que puedes empezar todos a la vez. Pero por más simples que parezcan, no son fáciles y te generarán un problema si intentas realizarlos todos al mismo tiempo.

Elige el hábito que te permita mejorar considerablemente, que te permita salir adelante, que genere un beneficio para tu salud, y luego vendrán los demás. Dejar de fumar, de beber, masticar despacio, comer saludable, tomar suficiente agua son hábitos que deben ser prioridad en cualquier persona.

Para ello puedes hacer una lista en un papel de los hábitos y clasifícalos en:

1. Importante

2. Atención posterior

3. Triviales.

Recuerda que no es importante la cantidad de hábitos que cambies, sino la calidad de los mismos y que se hayan implantado tan bien que te sea imposible abandonarlos.

CAPÍTULO VIII

MOTIVACIÓN Y OBJETIVOS

Existen 2 tipos de motivación, interna y externa, en la cual la interna como su propio nombre lo dice, viene de uno mismo, se apalanca en un porqué poderoso

Como se desarrolló en el 2.º capítulo, viene del espíritu, viene de la mente y de las ganas de lograr algo mientras que la motivación externa viene del entorno, de los amigos, de la familia, del trabajo, del ambiente que te rodea y que facilita o dificulta convertir un hábito.

¿Qué es la Motivación?

La motivación puede definirse como una fuerza, pero es una fuerza de doble tracción; es decir, es una fuerza interna, pero también es externa que actúa sobre las personas, siendo este el combustible o el impulso para el comportamiento del ser humano. Todo movimiento, o comportamiento se origina por algún motivo ¿cierto? Esa es la motivación. Para darte ejemplos prácticos: Si de repente te levantas de tu silla y vas a la cocina a buscar un bocadillo, ese movimiento no fue solo por pararte, simplemente te dio hambre o ganas de comer algo dulce y te levantaste. Tu motivación fue el hambre o los deseos de saborear algo dulce. De igual manera nadie dice nada si no hay una fuerza que lo origine, cuando estás pequeño y dices tú primera palabra, por ejemplo ¡Mamá! Seguramente estuviste motivado, por tanto, que te repitan para que lo dijeras, te motivaron para hacerlo. En conclusión, tiene que haber una causa que ¡impulse la acción!

Sin motivación permanecemos inertes, sin movernos, no tendríamos brújula para movernos, por lo tanto, no podríamos alcanzar nuestros objetivos, ni realizar tareas; de hecho, sin una motivación que te impulse no podríamos cambiar hábitos ni crear nuevos, sin motivación ni siquiera nos trazaríamos objetivos.

Estar motivados nos inspira a realizar cosas nuevas, a emprender, a levantarnos después de un fracaso, si la motivación no es verdadera no tendríamos fuerzas para levantarnos, pero si es algo que verdaderamente nos interesa, nos levantamos y seguimos luchando. Es aquí donde empezamos a realizar la diferenciación entre motivación intrínseca y motivación extrínseca. Para diferenciar las dos motivaciones hay muchos ejemplos del día a día.

No sé si te has dado cuenta o te ha pasado, que hay momentos en la vida en el cual emprendemos algo y en los primeros días lo dejamos a medias y nunca lo terminamos.

Una persona que empieza a trabajar el arte del tejido como artesanía, para entretenerse y a los primeros 15 días deja de hacerlo sin volver a retomar la actividad, y no conforme con eso le quedó el tapete a la mitad y el hilo a la mitad.

¿Qué crees que pudo haber pasado en este caso?

Te puedo asegurar que esta persona no tenía una motivación real por este arte, solo tenía la necesidad inmediata de disminuir el aburrimiento, quizás se sentía enclaustrada o aburrida y al encontrar otra actividad o al satisfacer esa necesidad de quitarse el aburrimiento, simplemente lo dejó y comenzó otra cosa.

Lo que ocurre en este ejemplo, no es un caso aislado, pasa muchísimo más de lo que podamos imaginar, siendo la causa principal de que una persona se sienta fracasada en su vida. Y no es que la persona sea fracasada, es que está yendo por el camino equivocado, no conoce su "yo" interno y, por lo tanto, su verdadera motivación en la vida.

Antes de que empecemos a hablar de la motivación intrínseca y motivación extrínseca es bueno aclarar algunos conceptos más y es que la motivación tiene dos caras muy bien definidas

- Motivación Positiva: Esta motivación nos hace movernos en función de lograr un beneficio propio o colectivo. Como, por ejemplo, el hecho de algo que nos motive a ser mejores personas, ser felices o cambiar un hábito negativo por hábitos mucho más sanos. Si eso realmente te motiva es probable que leas este libro hasta el final, pero si solo lo estás leyendo porque te gustó la portada, por curiosidad o porque te dijeron que tienes malos hábitos (cosa que tú no crees), entonces no llegarás a la siguiente página.

- Motivación Negativa: Esta motivación nos hace mover en pro de evitar una consecuencia negativa por nuestras acciones. Ejemplo: Nos sentimos motivados a no cruzar la calle fuera del área de peatones para no ser multados, o callamos nuestra opinión en nuestro trabajo por temor de ser despedidos.

¿Cierto?

Entonces aquí vale la pena resaltar la diferencia entre "alcanzar" y "evitar", lo primero nos da la idea de movernos, de caminar, de activarnos, para alcanzar tenemos que caminar, movernos... Por el contrario, el segundo término nos da la idea de la inercia y estancamiento; es decir, no hacemos "algo" para no obtener "algo", no cruzamos fuera del rayado para no tener una multa, no discutimos con el jefe para no ser despedidos. Estamos dejando de hacer algo para no meternos en problemas lo cual no está completamente mal, pero...

Qué diferente sería si en lugar de motivarnos la idea de no tener una multa, nos motivara el hecho de querer ser una persona respetuosa de la ley según nuestros principios

¿Verdad?

Déjame decirte que la respuesta es maravillosa, si fuera así, si nuestra verdadera motivación fuera el respeto y ser mejor ciudadano, simplemente no se violarían las leyes y normas nunca, independientemente de que se encuentre a la vista alguna autoridad.

Vi en un video de un ciudadano japonés que estando en Colombia no se atrevía a cruzar la calle con la luz verde para los vehículos, aún y cuando no venía ningún vehículo y la calle estaba sola, cuando su hijo que lo vio por casualidad le preguntó que por qué no cruzaba, que estar parado allí era peligroso, él le dijo que no era su momento de cruzar...

- Pero papá nadie te está mirando –

¡Claro que si! - grito el padre molesto

"YO ME ESTOY MIRANDO..."

¿Hermoso, verdad?

Si nuestra motivación fuera la fidelidad para nuestros principios viviriamos en un mundo más justo.

Tiene mucho que ver con lo que hemos hablado, si estamos realmente motivados positivamente haremos cosas y nos moveremos no para agradar a los demás, sino para crecer nosotros como persona.

La motivación es importante en nuestra vida, la motivación es nuestro combustible para realizar las actividades diarias, para alcanzar objetivos y metas y por si fuera poco influye en nuestras emociones, autoestima, en nuestra personalidad, en todo lo que somos y queremos alcanzar. Sin motivación somos seres sin movimiento, nos sumimos en la más profunda inercia; es decir, nos levantaremos cada mañana para comer y acostarnos otra vez durante la noche y así sucesivamente el resto de nuestra vida, sin un propósito que vaya por encima de satisfacer solo la base de la pirámide, nuestras necesidades básicas.

"Sin motivación es imposible la acción, es imposible avanzar, lograr metas y sentirnos útiles, estaríamos sumidos en el más profundo aburrimiento"

Una persona sin motivaciones más allá que las básicas, es presa fácil de caer en comportamientos depresivos, incluso hay estudios que indican que muchos de los suicidios que ocurren en el mundo es debido a la falta de motivación por la vida misma.

Ahora sí, vamos a hablar de la motivación intrínseca y motivación extrínseca.

Estas dos motivaciones, como sus nombres lo explican, hacen mención al origen de la motivación, si esa motivación viene de adentro, de tu interior o de afuera de tu entorno.

Si la motivación es intrínseca, viene de tu interior, son tus ideales, tus principios, lo que quieres realmente. Pero si viene de afuera de la familia, de la sociedad, la moda, las redes sociales, entre otras cosas y situaciones, es extrínseca.

Si hoy decides ir a estudiar idiomas al extranjero por moda y sólo porque tus amigos están yendo, te aseguro que no te dará tanta satisfacción que, si vas porque te gusta, te llena y te hace feliz, al final las modas pasan o quizás tus amigos que te invitaron se enamoren y se casan o decidan no ir, y tú quedarás solo y sin motivación.

Ejemplos de cómo estos tipos de motivaciones se relacionan con los hábitos.

Si nos proponemos a tener nuevos hábitos o cambiar alguno que ya no queremos tener podría ser:

Un nuevo hábito puede ser acostarse temprano todos los días.

Pero un hábito que podríamos querer cambiar podría ser comerse las uñas (onicofagia). Todo esto va a depender de las motivaciones externas o internas, pero se alcanza mucho más rápido la meta si la motivación viene del interior.

Imagínate lo siguiente respecto al caso anterior:

Caso 1. Quieres dejar de comerte las uñas porque tus compañeros de trabajo te explicaron que es un hábito feo. Tratas de cambiar, pero lo más probable es que cuando no estés en la empresa, o dejes ese trabajo te vuelvas a comer las uñas. La motivación era externa.

Caso 2. Quieres dejar de comerte las uñas porque tienes el deseo de ver tus uñas largas (en el caso de las mujeres), pintarlas y hacerte muchos adornos. Tratas de cambiar, te costará, pero lo más probable es que tarde o temprano lo logres alcanzando el éxito de ese objetivo. La motivación aquí es interna.

También te expongo casos de la motivación en el aspecto laboral. Una compañía ofrece a sus trabajadores bonos de productividad, los trabajadores se verán motivados a trabajar más y mejor que en las compañías que tienen un incentivo igualitario para todos los trabajadores sin distinción, esta motivación es externa.

Hay muchos que dicen que esta situación en empresas que aplican esto se sostienen en el tiempo, pero yo soy de los que opinan lo contrario...

¿Qué pasaría si cambian los jefes?

¿Qué pasa si hay un mal momento en la empresa y un mes no pueden pagar el incentivo?

Por ser una motivación externa el trabajador se desmotivaría y dejaría de hacer su trabajo. Por lo tanto, este método no tiene sostenibilidad si no viene acompañado del crecimiento personal de los trabajadores, incentivar el sentido de pertenencia, el cariño por lo que se hace.

Otro caso es cuando los trabajadores están altamente motivados, porque les gusta lo que hacen, sienten que es su vocación, tienen un ambiente armonioso. Entonces el trabajo deja de ser una herramienta más para obtener el sustento diario.

"Cuando uno hace lo que le gusta y el trabajo es una vocación le encuentra sentido a la vida y realiza todo con mayor grado de felicidad".

Después de haber leído esto, nos damos cuenta de que es importante el autoconocimiento, que aprendamos a conocernos a nosotros mismos y así conocer cuál es nuestra verdadera motivación, si es interna o si es externa, y con esto podamos saber si vamos a cambiar nuestros hábitos o incentivar algunos nuevos.

No vale la pena decir que queremos cambiar hábitos o que queremos adquirir alguno si ni siquiera sabemos quiénes somos.

A nosotros nos cuesta conocernos porque nos enfocamos en conocer a los demás primero

¿Cómo es el vecino, el jefe, los compañeros, el esposo o la esposa?

Incluso nos ponemos a investigar sobre espectáculos para saber "cómo son" los artistas del momento, pero...

¿Nos hemos enfocado alguna vez en nosotros mismos?

¿Nos hemos preguntado si realmente nos conocemos?

¿Quién soy yo?

¿Qué capacidades tengo?

¿A dónde quiero llegar en la vida?

¿Qué me motiva realmente en la vida?

Mucho menos nos hemos preguntado aspectos que nos pudieran generar incomodidad...

¿Cuáles son mis debilidades?

¿Qué malos hábitos tengo?

¿Trato bien a mi hermano?

¿En qué me he equivocado?

¿Existen algunos aspectos de mi personalidad que debo cambiar?

Claro, algunas respuestas nos generarían un choque emocional bastante fuerte y resulta más fácil ver todo desde la perspectiva de las otras personas.

¡No lo logré, por culpa de mi compañero!

¡No gané ese premio, por culpa del entrenador!

Que mejor sería empezar a realizar cambios en nosotros que nos hagan crecer como personas, es una tarea difícil, ¡Sí!... Pero no imposible.

No es algo sencillo, pero es necesario que nos conozcamos. Cuando aprendemos a conocernos, sabemos cuáles son nuestros talentos y virtudes, así como nuestros defectos y debilidades, por lo que podemos empezar a trabajar para potenciar los aspectos positivos y cambiar los negativos, de igual forma sabremos que áreas de nosotros están limitadas y cuales debemos construir e ir puliendo.

"Conocernos es enfrentarnos a nosotros mismos, colocando en una balanza nuestras virtudes y defectos, así podemos decidir por cuenta propia hacia donde queremos inclinarla"

Aprenderemos qué hábitos son malos, cuáles debemos cambiar o cuáles son necesarios en la vida para alcanzar nuestros sueños

Es algo que no debemos tomar a la ligera, de esto depende que podamos lograr nuestras metas y que podamos mejorar en todas las facetas de nuestro día a día.

Cuando nacemos, estamos llenos de emociones y expresiones, somos exploradores del mundo, estamos listos para descubrir todo lo que nos rodea. Al pasar el tiempo por la misma influencia de nuestros padres y cuidadores, empiezan a aparecer los miedos, experiencias, valores y creencias que marcan nuestra personalidad, pero esta personalidad no es quien eres en realidad, el verdadero conocimiento de uno mismo va mucho más allá y tiene mucho que ver en la forma cómo nos relacionamos con nuestro entorno y cómo nos sentimos respecto a él.

Cómo es nuestra relación con nuestros compañeros de trabajo, cómo nos llevamos con nuestros vecinos, cómo nos sentimos al ir a una fiesta, al ir al supermercado, al pagar los servicios y en todas las situaciones de la vida.

Nosotros vamos ganando experiencia según nuestras vivencias, aprendemos a "conocernos" según nuestra actuación en diferentes situaciones, según las decisiones que tomamos, pero... ¿Realmente tenemos conciencia de lo que nos hace actuar de una u otra manera? ¿Qué influye en que tengamos un hábito o no lo tengamos?

Lo primero que tenemos que hacer es saber que es la conciencia y ésta no es más que el conocimiento que tenemos los seres humanos de nosotros mismos, de nuestra existencia, de nuestro interior, muchas veces andamos por allí inconscientes de lo que somos capaces de hacer, de qué tan lejos podemos llegar simplemente porque no exploramos nuestro mundo interior, como dijimos anteriormente, desde niños somos unos exploradores del mundo exterior, pero...

¿Dónde queda nuestro interior?

¿Dónde queda nuestra propia alma?

La verdad es que todo esto de ignorar nuestro propio "yo" y ese conocimiento de nosotros mismos, nace del miedo de encontrar algo que no nos guste, de descubrir que somos lo que no queremos ser, quizás vemos errores en las otras personas y las criticamos sin piedad, pues son los mismos errores que tenemos y que no nos atrevemos a buscar y reconocer en nosotros.

"La motivación es lo que te hace empezar, pero el hábito es lo que te hace continuar"

Volviendo al punto inicial sobre la conciencia, haciendo pleno uso de ella, podríamos evitarnos desaciertos y tristezas, ya que teniendo pleno conocimiento de lo que somos, tenemos mayor oportunidad de tomar buenas decisiones para nosotros, las cuales no tienen que ser necesariamente las correctas para el resto de las personas.

Poniendo un ejemplo hipotético, pudiera ser que te ofrezcan un trabajo con un buen salario y estatus lejos de tu ciudad de origen donde está toda tu familia, la decisión correcta para el resto de las personas (incluyendo a veces tu propia familia) sería que aceptaras sin ni siquiera pensarlo...

¿Quién rechazaría una oferta así?

Si tú tienes conocimiento de ti mismo y eres consciente que tu verdadera motivación está al lado de tu familia, cosa que no cambiarías por todo el prestigio del mundo, rechazarías el trabajo de una vez sin importar el resto, y aún así te sentirías plenamente feliz y lleno de gozo.

Por eso uno de los hábitos que debemos arrancar de raíz es aquel que nos hace seguir solo motivaciones externas. Debemos seguir nuestra motivación interna si realmente queremos ser felices y lograr hábitos saludables.

Si, por el contrario, en el ejemplo anterior tomamos la decisión que todos creen correcta, al principio quizás te sientas aliviado y feliz, pero esa felicidad será efímera, no vendrá acompañada de gozo, porque simplemente no fue una decisión tomada de acuerdo a tus propios sentimientos, a tu conciencia…

Si aprendemos a discernir entre lo que nos causa bien y lo que nos causa mal, estaremos plenos y evitaremos fracasos innecesarios.

Si tomamos las mejores decisiones para nosotros, vamos a lograr los mejores resultados, por el contrario, si tomamos decisiones influenciadas por el exterior o por el "qué dirán", vamos a fracasar una y otra vez sintiéndonos desdichados.

Tomar conciencia determina lo que somos, que nos motiva y que nos hace tener ciertos hábitos, y que fue todo eso que nos marcó para ser como somos hoy, qué creencias falsas o verdaderas se apoderaron de mí, quienes me influenciaron, porque nacieron esos hábitos.

No es lo mismo una persona que fue sometida a la pobreza y escasez desde su niñez, que otra que creció en la sobre abundancia, de igual forma, no es lo mismo un niño que fue maltratado emocionalmente por sus padres, que otro que desde su nacimiento fue inculcado con una buena autoestima.

El pasado quedó en el pasado, la historia no se puede cambiar, lo que sí es posible, es forjar el futuro, un futuro bueno y próspero forjado con base en nuestro propio conocimiento de reconocer lo que nos hace plenos y felices, lo que queremos lograr y hacia dónde queremos ir. Lo demás vendrá por añadidura, después de nuestra prosperidad interior vendrá la exterior y alcanzaremos nuestro propósito en esta tierra.

"¿Cuántas veces has tomado la decisión de detener algo, empezaste el viaje y luego volviste al viejo hábito? No cuentes la cantidad de veces que fallaste, aunque creas que es imposible eliminar los malos hábitos. Si es posible cambiar los malos hábitos. Hábitos positivos y vivir una vida más productiva" - Henry A. Dabo.

"Nuestra memoria es solo un hábito, y los hábitos se pueden mejorar con el tipo adecuado de entrenamiento y práctica" - Kevin Horsley.

CAPÍTULO IX

EVOLUCIONANDO MIS HÁBITOS

Lo primero que debes hacer para cultivar hábitos es creer que lo puedes hacer, creer que sí lo lograrás.

Muchas veces nos planteamos metas y objetivos, pero al no creer que lo lograremos frenamos esta evolución o alcance del objetivo.

Dejemos de cuestionarnos, debemos ser positivos y creer en nosotros mismos, nadie inicia una carrera pensando que no lo logrará, si es así es mejor que no la inicie porque realmente es muy difícil que lo logres si vas pensando que no podrás hacerlo.

La segunda regla o paso que debes seguir para cultivar hábitos es plantearte metas y objetivos. Si te propones y sabes lo que quieres en la vida es más fácil lograrlo, no se puede estar por allí sin brújula, sin una meta que te indique el camino. Si quieres adoptar un nuevo hábito, como sería levantarte unos minutos más temprano, pero no tienes un objetivo, es muy difícil que logres cultivar este hábito, ya que no tienes eso que hemos hablado antes, la motivación para lograrlo.

Si no hay un porqué poderoso, no vale la pena ¿cierto?

Otra regla es poner límites a esas metas y objetivos, a partir del día lunes comenzaré a levantarme 15 minutos más temprano, si no te colocas un tiempo prudente, resulta que el cerebro comenzará a procrastinar, porque no sabe para cuando era la acción, no se lo dijiste, y él puede decir bueno me levantaré temprano dentro de 3 años.

Lo otro es poner en práctica un hábito, si nunca empiezas nunca terminas, más adelante en el capítulo donde hablamos de la mente y su manía de retrasar todo, veremos que siempre debes comenzar por lo poco; pero debes comenzar, al principio serán unos pocos minutos y cuando ya estés acostumbrado a ese hábito, podrás ir agregando más tiempo. Lo más importante aquí es el hecho de dar ese primer paso, eso es lo que te garantizará el éxito y la verdadera consolidación del hábito en tu vida.

Siempre tener una actitud positiva es primordial para consolidar los hábitos en tu vida, muchas veces nos dejamos abatir, y pensamos que es mucho para nosotros, no confiamos en nuestras propias capacidades, no tenemos fe en nosotros mismos, eso hace que se nos haga más difícil alcanzar las metas.

Aunque pienses que es difícil, nada pierdes con intentar, siempre tendrás fracasos, pero de cada situación se aprende, por algo pasan las cosas, todo es parte de un aprendizaje y

Dios a veces nos pone en el camino la manera indicada de salir adelante.

Aquí te quiero mostrar un pequeño hábito que te hará superfácil cultivar y evolucionar los demás hábitos.

Crear nuevos hábitos y que sean positivos nos cuesta mucho ¿cierto?, pero siempre hay una manera, es un hábito maravilloso, que nos facilita la adquisición de nuevos hábitos

Yo lo llamo...

El hábito, creador de hábitos

Es un truco para engañar a la mente, esa mente que nos montó muchas excusas, que se rehúsa, que se enoja. Así es la mente, y por eso debemos tomar el control de ella.

Y ese hábito consiste en "repetición", porque son las cosas que haces repetidamente la que realmente marcan tu vida. No pasa nada si un día te levantas tarde, pero si todos los días te levantas tarde eso sí estaría marcando tu vida ¿cierto? Así que el hábito de repetir y crear una rutina será lo que realmente te hará crear esos nuevos hábitos.

Marcará tu vida con aquellas conductas que repitas una y otra vez a lo largo de un tiempo largo. Lo bueno es que nosotros podemos dirigir nuestra vida, podemos cultivar los hábitos que se nos antojan, eligiendo los que queramos y repitiendolos día a día.

Cultivar hábitos es igual que cultivar una planta, si siembras un jardín de rosas, o una planta de menta debes darle cuidados diarios.

Si hoy estás cansado, igual tienes que hacerlo, debes estar pendiente de regarla para que tenga la humedad adecuada, de quitar las malas hierbas, y/o alguna oruga que quiera comerse la planta. Si dejas pasar uno, dos y hasta 3 días puedes perder la planta, así como el hábito.

No hace falta que estés 8 horas al día, lo importante no es el tiempo, sino la repetición diaria.

Lo primero que debes saber es que no todos los hábitos se llevan al mismo tiempo, todo depende de nosotros y del tipo de hábito. Por ejemplo, siguiendo el ejemplo de levantarse temprano, si quieres adquirir el hábito de levantarte 15 minutos antes seguramente te costará un poco más de tiempo y necesitarás afianzarlo por más tiempo, que cuando dices que quieres cultivar el hábito de masticar mejor las comidas, el segundo de los hábitos es más fácil, puesto que siempre que comas 3 veces al día, te recordarás e iniciarás el proceso del lento masticado. No es lo mismo que levantarte temprano, podrías apagar el despertador o dejarte llevar por el placer de dormir un poco más.

Para conseguir instalar una rutina nueva debemos persistir el tiempo suficiente para que ocurra en nosotros los automatismos que nos permitirán realizar ese hábito o esa actuación sin ni siquiera pensarlos.

Roberto

Roberto trabaja como Freelancer desde casa, pero debido a problemas de tiempo e internet, se vio en la necesidad de levantarse a las 3:00 a.m. para realizar los trabajos, antes de que aparecieran estos problemas diarios que podían impedir el éxito de sus labores, así comenzó los primeros 3 días con mucha dificultad, en el 4.º día, ya estaba muy cansado, pero la motivación de tener que realizar el trabajo le dio empuje y fuerza, así que continuó, cuando habían pasado 2 meses, ya su cansancio había desaparecido, y ya no tenía que ajustar el despertador, se despertaba de manera automática ya era una rutina, un automatismo. Ya Roberto tiene más de 2 años haciéndolo y se acostumbró a ese ritmo de vida, ahora este nuevo hábito forma parte de él y le ha traído múltiples beneficios a su vida.

No es fácil, pero si sigues unos simples pasos, puedes crear nuevos hábitos en tu vida y no abandonarlos antes del tiempo, porque tan difícil es crearlos, como mantenerlos.

1er Paso

Tener una señal que desencadena la acción que debemos de hacer. Esta señal debe producirse diariamente y cuando veas esta señal será tu aviso para que empieces con esa tarea o actividad.

Ejemplos:

- En el ejemplo que habíamos hablado antes de crear el hábito de masticar bien los alimentos, el desencadenante sería comenzar a comer. ¿Cierto? Cada vez que empieces a comer te recordarás que debes masticar despacio.

- En el caso anterior de Roberto, podríamos decir que lo que desencadenó fue el despertador (nota como luego ya no lo necesitó)

Estas señales o desencadenantes no son creadas, ya están en tu vida y siempre han estado, lo que tienes que hacer, es realizarlas de manera consciente, identificarlas y utilizarlas a tu favor.

La señal más sencilla de utilizar, es la llegada de un momento determinado del día, es un momento en el que queremos iniciar el hábito, por ejemplo:

Todos los días a las 6:00 p.m.

. Antes de bañarme

. Después de comer

. Al llegar del trabajo

. Justo al levantarme

Lo importante es que cuando veas la señal te pongas en acción para realizar el hábito, podrías reforzar esa señal con una alarma en tu móvil colocando el nombre de la señal.

¡Comenzar el hábito! O ¡Dejar de hacer!

Me creé el hábito de no revisar más las noticias en las redes después de las 6:00 p.m. así que coloqué la alarma que dice:

"Deja de ver noticias"

Inmediatamente veo cualquier cosa menos noticias o simplemente me levanto y cierro todas las redes.

2do Paso

La acción; es decir, comenzar la rutina.

Debemos estar atentos a la señal y sin importar lo que estemos haciendo, comenzar a ejecutar la acción que queremos convertir en hábito. Nuestro objetivo principal y meta a lograr es ¡empezar!, porque una vez que hayamos empezado lo más probable es que terminemos haciéndolo.

Para asegurar eso debemos hacerlo fácil, no comenzar con el 100% de una vez.

Nadie empieza a jugar un videojuego por el último nivel, primero tienes que comenzar con el nivel 1, así mismo con los hábitos, comienza fácil, con poquito tiempo. Este es el verdadero motivo por el cual las personas fracasan en el intento y es porque se plantean metas muy difíciles al principio.

"Comenzar una rutina de ejercicios de 60 minutos no es lo mismo que comenzar una rutina de ejercicios de 5 minutos"

Si tu meta es muy ambiciosa y no la puedes cumplir, lo que ocurrirá es que te desmotivarás. Ya no la seguirás intentando y lo más seguro es que termines por abandonarla. Por eso debes empezar por algo fácil, que requiera de poca fuerza de voluntad y conseguir tus primeros triunfos, esto te dará una satisfacción y ganas de seguir luchando, creando energías positivas.

Más adelante podrás aumentar la intensidad, la idea es que al principio sea lo más fácil posible, para que la barrera mental de empezar sea mínima o de fácil ejecución.

3 Paso

La recompensa es muy importante ya que el cerebro quiere placer inmediato, por lo que la recompensa es traducida como placer.

Existen dos tipos de recompensa:

Recompensas intrínsecas: Son las que provienen directamente de realizar una actividad concreta (el hábito), todo hábito da una recompensa, si son hábitos buenos la recompensa te beneficiará, pero si al contrario son malos hábitos la recompensa será perjudicial.

Recompensas extrínsecas: No provienen del hábito en sí, sino que vienen fuera de él, son premios o incentivos que tú mismo te das u otra persona te da, para motivar y reforzar la idea que ese hábito es beneficioso para tu vida.

Si quieres aumentar la posibilidad de implantar nuevos hábitos, debes obligatoriamente aplicar ambos tipos de recompensas.

¿Cómo se hace?

En cuanto a las recompensas intrínsecas, lo primero es crear un vínculo entre el hábito y la recompensa que vas a obtener; es decir, los beneficios que tendrás.

Ejemplo

Masticar mejor los alimentos me traerá los siguientes beneficios:

- Estaré menos estresado.

- Me llenaré más

- Me sentiré más saciado al comer.

- Podré bajar de peso.

- Mi digestión será mucho mejor, así evitaré enfermedades.

- Me será placentero saborear y degustar cada bocado sintiendo el sabor de los alimentos

En cuanto a las recompensas extrínsecas, date un premio al terminar de ejecutar la acción, por ejemplo, si vas a realizar la rutina de ejercicios, al terminar, come una fruta, toma un vaso de agua fria, date un baño, etc.

CAPÍTULO X

UN CONJUNTO DE HÁBITOS

Cuando hablamos de hábitos, tal vez inmediatamente a nuestra mente llegan las palabras: hacer ejercicios, tomar agua, descansar, leer; los cuales son hábitos saludables para ser mejores, pero, en esta oportunidad, no vamos a hablar de esos hábitos, en este libro nos referiremos a los hábitos que tienen que ver con la espiritualidad y las emociones. Hábitos que pueden cambiar tu vida, tu forma de ser y de enfrentar cada situación.

Hábitos que debo cambiar

1. Quedarme inmóvil: Salir de la única posición en la que estás acostumbrado a ver la vida, ver las cosas desde otro ángulo, darte cuenta de que tu forma de ver la vida no es la única forma y que no tienes la verdad absoluta en tus manos, solo así, podrás ser generoso contigo mismo y los demás, Cuando alcanzamos este hábito nos damos cuenta de que el mundo entero no gira a nuestro alrededor.

Podemos dejar de ser dramáticos, reconocer que todo lo que pasa en la vida no es para atacarme. La vida no existe solo para hacerme daño, así que no podemos estar sufriendo siempre ante las mismas circunstancias.

Nuestros pensamientos negativos nos hacen preocuparnos más de la cuenta, son un intruso que está allí para sabotearnos, para quitarnos la libertad de ver otras cosas, de ver más allá.

Sacarnos los zapatos, salir de esa nube que nos rodea y no nos deja ver otras cosas, nos permite ver todo desde otra perspectiva, todo ello nos ayudará a encontrar nuevas soluciones.

2. Creerlo siempre todo: Uno de los hábitos que siempre debemos incentivar es saber detectar las mentiras, ojo aquí, no me refiero a las mentiras que nos podrían estar diciendo las demás personas, sino al contrario las mentiras que siempre nos decimos a nosotros mismos.

Esas mentiras que se producen por los pensamientos y que casi nunca son verdad, estos pensamientos que quieren que nosotros no avancemos.

Debemos acostumbrarnos a enfrentar esos pensamientos, a cuestionarlos e incluso reírnos y darles la espalda. Si pasamos el detector de mentiras cada vez que tengamos un pensamiento nos daremos cuenta de la infinidad de historias que nos cuenta nuestra mente a diario, por lo que terminamos creyéndonos y sufriendo de más.

No vas a poder creer todo lo que tu mente piensa a lo largo del día, los pensamientos son solo eso, pensamientos, no son la verdad absoluta, son una interpretación de la realidad que hace nuestra mente. Casi siempre interpretamos la realidad de manera incorrecta y nos creemos eso hasta tal punto que sufrimos y hasta nos alejamos de las personas que amamos.

- Me duele el estómago y de una vez el pensamiento que se pudiera generar: ¡tengo una enfermedad grave!. Tal vez solo sea una indigestión, pero tu pensamiento te dice que tienes cáncer y que vas a morir, buscas en internet y aparecen otros síntomas: mareos, náuseas y de repente empiezas a sentir todo esto. Tus pensamientos interpretaron una realidad falsa de la realidad, te hicieron creer lo peor y ahora hasta te enfermaste psicológicamente.

- Mi pareja no contestó el mensaje que le envíe anoche, tal vez estaba cansada, enferma, sin batería o cobertura u ocupada con algún problema, pero tus pensamientos te dicen: ¡Ya no le importas! ¡No te quiere! ¡Tiene otra pareja!, ¡Te está engañando! Todo esto produce sufrimiento, y ello termina destruyendo la relación, gracias a las mentiras que te cuenta tu cerebro.

Eso no es todo, otras mentiras a las que estamos acostumbrados son referentes a nuestro propio ser:

- ¡Eres tan torpe!

- No vas a lograrlo

- Siempre te sale todo mal.

Si crees en estos pensamientos, si no pasas por el detector de mentiras, lo más probable es que te comiences a sentir pésimo, sientas que eres un fracaso, que eres horrible, o un inservible. Lo que te generará emociones de frustración, tristeza, melancolía, enojo y ansiedad.

Todo esto influirá de manera negativa en tus acciones y recibirás muchas oportunidades, alejarás a las demás personas y tus relaciones con el entorno no saldrán del todo bien, ¿Por qué? Por creer en lo que piensas sim pasarlo por un filtro.

Tu peor enemigo no puede hacerte tanto daño como tus propios pensamientos, sin atención - Buda

Hábitos que debo incentivar en mi vida

1. Ver más allá: Muchas veces no logramos ver más allá de nuestros propios ojos, y somos muy rápidos para juzgar, somos siempre las víctimas.

Pero...

¿Qué hay más allá de la conducta de una persona?

¿Por qué actúa de cierta manera?

Valdría la pena incentivar el hábito de la empatía, tal vez así dejemos de sentirnos siempre víctimas. Cuando veo más allá, puedo ver que cada quien está enfrentando sus propias batallas, que cada quien quiere conectarse consigo mismo como ser humano. Viendo más allá logras ver que las demás personas son tan imperfectas como tú, podrás dejar de hacer juicios contra las personas, dejar las críticas y no tomar las cosas como personales.

Te enfocas en el ser y no en su actuación

Hay un pensamiento muy bonito y pertinente que dice:

Lo más importante es que necesitamos ser entendidos. Necesitamos alguien que sea capaz de escucharnos y entendernos. Entonces sufriremos menos - Thich Nhat Hanh

Es verdad, si logramos crear el hábito en nosotros, de ver más allá de lo que ven nuestros ojos y entender a nuestro prójimo sin juzgar, lograremos nosotros mismos ser más felices porque no nos crearemos falsas ideas en nuestra mente.

La paz no se puede conseguir por la fuerza, solo se puede conseguir por la comprensión - Albert Einstein

2. Vivir el presente: Poner en pausa nuestro reloj, ese que siempre está brincando del pasado al futuro ¡Ya basta! Sólo tenemos el poder sobre el presente, el pasado no podemos cambiarlo y sobre el futuro no tenemos control.

"No te afanes por el día de mañana, porque el día de mañana traerá su propio afán"

Entonces me hago la pregunta en este momento que estoy viviendo

¿Es un momento de bienestar?

¿Qué estoy haciendo?

¿Dónde estoy?

¿Mi cuerpo está funcionando bien?

¿Estoy en paz?

Me hago consciente y puedo ver que son mayores las bendiciones que tengo.

Cuando estás en el presente tomas las cosas de forma positiva, si por ejemplo, un vaso se rompe ves la oportunidad de comprarte uno nuevo. También te das cuenta de que estás bien, que tienes más bienestar del que creías que tenías, pero para eso necesitas detenerte y pensar.

Vivir mirando el pasado es vivir de espaldas a la vida, si nos aferramos a lo malo del pasado, no lo soltamos, nos cuesta olvidar los agravios o errores que cometimos

Nuestro cerebro está diseñado para mantenernos a salvo, es por ello que siempre tratará de recordarnos las cosas malas que vivimos.

Cuando somos pequeños vivimos una experiencia mala o traumática en la niñez temprana y estas experiencias se repiten en la adultez, estas se manifiestan con toda intensidad para ponernos a salvo de la supuesta amenaza.

¿Qué podemos hacer para soltar el pasado y vivir en el presente?

Solo tienes que aprender a dejar ir, a perdonar, cerrar círculos, cerrar etapas, cerrar la página. Con esto, toda tu energía estará centrada en dejar fluir todo lo bueno que la vida te va dando y que antes no veías por mirar una vez más al pasado.

Suelta el control

Uno de los hábitos que es necesario cambiar si quieres una vida feliz es el hábito de querer controlarlo todo, este es un hábito en el que vale la pena poner el todo por el todo para cambiar si quieres tener algo de paz.

Tenemos la costumbre de querer siempre adaptar todo a nuestro gusto, queriendo cambiar situaciones que no están en nuestras manos. Simplemente, porque no nos gustan, así que empezamos a resistirnos, lo que genera que muchas veces no podamos ni dormir tranquilos.

Te doy ejemplos para ser más claro

- Vas a un viaje y estás en el aeropuerto, el vuelo salía a las 6:00 a.m., pero anuncian que se retrasó por mal tiempo, pasa el tiempo y el vuelo no sale... te empiezas a inquietar, caminas de un lado a otro, reclamas a la aerolínea, pretendes tener el control del tiempo reloj y del tiempo atmosférico y te das cuenta que no puedes, por más que te esfuerces, por más que grites no vas a cambiar esas situaciones, entonces...

Suelta el control, cambia el hábito de querer controlarlo todo...

Cuando ocurre algo en tu vida y lo interpretas como una tragedia, te conviertes en víctima y en ese punto es donde comienza el calvario.

Cuando decides dejar el control y aceptas que no puedes estar en todas partes, todo será menos relevante, ya no te ahogarás en un vaso de agua. Esto tiene que ver con el presente y con el pasado también, porque si no tienes control sobre el presente mucho menos lo tendrás sobre el pasado. Así que si aprendes a soltar el control del pasado te liberas porque le quitas importancia.

Soltar el control es dejar que las cosas sucedan de la manera que tienen que pasar, que todo tome el rumbo natural, que cada quien viva su propia vida y su propio proceso, sin exigir nada más de lo que puedan dar.

Cuándo quieres controlarlo todo, quieres saberlo todo, y estar presente en todo

¿Hay algo más allá de todo eso?

Es el miedo que te hace preguntar...

¿Miedo a qué?

Miedo a las ocurrencias de cosas que te hagan cambiar de rumbo drásticamente, a no poder salir adelante, a tener que reajustar objetivos.

Que otras personas hagan que se te escapen las cosas de las manos. Ese control te trae desgaste, falta de paz, enfermedad, llevándola incluso a tener dolores de cabeza, ansiedad y hasta depresión.

Cuando ese miedo te ataca, te agarras de cualquier cosa porque no quieres hundirte, y sentir que has fracasado, o sentirte vencido, nunca serás capaz de decir que te dejarás llevar, al contrario, sientes la necesidad de planearlo todo, para que todo salga según tu propio bienestar.

Ya te había dado un ejemplo y ahora te doy algunos más aparte del retraso del vuelo, un estancamiento de vehículos, que un compañero llegue tarde, una lasaña que se quemó, un mensajero que no llegó, el internet que se cayó, son cosas sobre las cuales tú no puedes tener el control.

¿Se puede controlar todo realmente?

La respuesta es ¡NO!

El hábito de controlarlo todo no solo te causa daño a ti, también a las personas que están a tu alrededor haciéndolas en muchos casos desdichados, porque tienen que luchar para alcanzar tus expectativas, para complacerte, para no verte infeliz. Deben correr para alcanzarte.

Y aunque este daño que hacemos a los demás no nos debe dejar de preocupar, es importante que reflexionemos sobre el daño que nos estamos causando a nosotros mismos. Porque a fin de cuentas los hijos, la pareja siempre tienen la opción de irse, los trabajadores tienen la opción de renunciar.

"Tú no podrás dejarte a ti mismo, no puedes huir de ti"

¿Qué puedes hacer para ir rompiendo con este hábito?

Debes dejar fluir, estar en paz, cultivar la paciencia, certeza, la confianza y ser como un niño...

Recuerda que cuando estabas pequeño, reías, cantabas, jugabas, y si llovía, llovía, si hacía sol no te importaba, te daba igual todo lo que estaba ocurriendo a tu alrededor, solo te ocupabas del minuto que estabas viviendo... eso es soltar el control, dejar que las cosas que sabes que no puedes controlar no te quiten el sueño.

Lo único que está en tus manos es aprender a redefinir metas, no controlarlas.

Siempre existen más opciones, abre los ojos y mira siempre un poco más allá, que nada te permita quedar estancado.

"Vive con la certeza que todo estará bien"

Si te das cuenta son los hábitos los que nos tienen atados a muchos problemas, son los problemas los que nos llevan a más problemas, entonces la mejor forma de arreglar tus problemas y con ello tu vida es cambiando de hábitos. Te sorprenderías enormemente de todo lo que se puede mejorar simplemente cambiando tus hábitos.

¿Cómo cambiar tus hábitos?

Escuchar tu voz interna, un poco antes, cuando te hablé del autoconocimiento, sobre escuchar esa voz que está dentro de ti, para que empieces a ser coherente contigo mismo, es necesario comprender que todo tiene su orden natural, que no todo está en tus manos ni puedes controlarlo, puedes acelerar las cosas, pero tendrás un desgaste innecesario de energía, si te fijas sólo en el resultado, descuidarás el proceso y por ende descuidarás los pasos para llegar a la meta.

Debes aprender a escuchar a tu voz interna, esa que dice ¡Detente! ¡No puedes hacer nada al respecto!... entonces, todo empieza a fluir.

Escuchándome, comprendí que hay un orden mayor en las cosas, donde nace una energía que permite avanzar a pesar de los obstáculos hacia la meta.

Ya no tuve la necesidad de demostrarme a mí mismo que yo tenía el control, porque supe que hay un ritmo para todo, un orden orgánico y sobre todo, hay un plan mayor que pueden ver mis ojos, es mejor desapegarse de la idea que todo gira a nuestro alrededor y todo está en nuestras manos.

El siguiente paso es cambiar tu mentalidad.

Cuando esperas que todas las situaciones de tu vida sean de cierta manera, y esto no ocurre, empiezas a sentir la frustración, más aún cuando tus amigos, compañeros de trabajo, vecinos o pareja no actúan como tú lo esperas o cuando no salen las cosas a tu manera.

Practica la meditación y quita de tu vida todo aquello que pueda alterar más los nervios.

Otro paso para quitarte un mal hábito es dejar de querer tener la razón todo el tiempo, no tienes que demostrar a nadie nada, y mucho menos tratar de imponer tu opinión, este es un mal hábito, que además de causarte ansiedad, te hace parecer una persona odiosa y pretenciosa, debes internalizar que tú no tienes todas las respuestas y si no sabes algo es normal, no lo sabemos todo, es más hasta el último día de vida estamos aprendiendo. Nadie te juzgará, de hecho, la persona que más te juzga eres tú mismo. Si admites tus equivocaciones o que no sabes algo te hará ganar el respeto de otras personas.

Renunciar al control es muy satisfactorio: dejar que otros te ayuden, delegar, para trabajar en una meta en común muy satisfactorio ¡pruébalo!

"Todos somos genios, pero si juzgas a un pez por su capacidad para escalar árboles, vivirá toda su vida pensando que es un inútil." Albert - Einstein.

Hábitos que tienes que alejar de tu vida

- Aconsejar a todos por todo, desde la comida que deben consumir hasta la ropa que deben ponerse, más que un consejo es una orden.

- Planear cada minuto de tu vida. Una cosa es ser disciplinado y otra muy distinta es ser controlador, hay que aprender la diferencia entre planificar sanamente y planificar obsesivamente.

- Ser inflexible, no te apegues al 100% a los horarios, si de manera imprevista te invitan a la playa, toma tu traje de baño y anda, no te imaginas lo bien que te sentirás.

"Algún día no estaremos aquí y el mundo seguirá girando"

Detrás de un lunes siempre vendrá un martes, y la vida continuará. Por eso hoy te doy un consejo escrito, para que lo leas las veces que quieras... sigue tus sueños, toma las riendas de tu vida, afronta tus miedos. Haz que cada experiencia cuente.

Celebra... una y mil veces tus triunfos. Quiérete, quiere a los demás,

Ayuda porque la vida es sabía y algún día serás tú quien necesite ayuda.

Y sobre todo recuerda… Que se aprende del pasado, se sueña con el futuro... pero se vive en el presente - Anthony Mangue.

CAPÍTULO XI

LUCHANDO CON MI MENTE

Este punto es importante porque a pesar de haber cultivado un hábito existirán momentos en el que tu mente te pondrá mil excusas, como estar cansado o pensar en la diversión o placer instantáneo; para ello, debes aprender a dominar tu mente y controlar los pensamientos que traten de vencerte.

Aquí eres tú contra tu propia mente y siempre debes ser tú el vencedor.

La mejor forma de lograr un cambio en tu vida es realizar pequeños ajustes en tu rutina diaria, cosas que generalmente no llevan más de dos minutos, pero que generan grandes resultados.

Muchas veces pensamos que grandes cambios deben requerir de un gran trabajo, como si tuviéramos que hacer cambios radicales.

No son las grandes revoluciones, sino las pequeñas mejoras inteligentes que crean un gran impacto. Esas pequeñas mejoras en cada área de tu vida cambiarán tu vida entera de manera gigantesca.

Esta técnica del 1% en cada una de las áreas de tu vida, es la clave, cambiar y crear pequeños hábitos que te llevaran a un éxito incomparable, porque un 1% sumado muchas veces en cada área te harán un 100% mejor; sin embargo, incorporar estos pequeños hábitos en nuestra vida no es nada fácil, aún y cuando seas tú mismo el que lo haya elegido por propia voluntad, como por ejemplo, el hecho de levantarte más temprano, leer antes de dormir, comer siempre a la misma hora, ser ordenados, cepillarte los dientes con la mano izquierda, etc.

Eric

Se planteó un nuevo hábito y este fue hacer abdominales todos los días a las 1 p.m. antes de tomar su baño. Se planteó esta rutina de ejercicio motivado a poder ponerse pantalones con una talla menos, pero cada vez que se acercaba la 1 p.m... Sentía una inmensa flojera y cada vez que decía que lo haría un poco más tarde, terminaba por nunca hacerlo. De hecho, su hábito de hacer ejercicio le duró solamente 3 días seguidos, luego de ello ¡El hábito se perdió! Y la mente ganó

Aby

Se planteó lavarse el cabello cada jueves para poder plancharlo el viernes y tener el fin de semana más libre para salir, los dos primeros jueves se lo lavó, pero el siguiente se dijo: "¿y si me lo lavo mañana? Y me lo plancho en la tarde no estaría mal", bueno lo dejaré para mañana... y así sucesivamente siempre había una excusa que la obligó a volver atrás y lavarse el cabello cada vez que le provocara y no con una sana rutina… ¡El hábito se perdió! Y la mente le ganó

Reina

Una niña que en plena pandemia decidió por recomendación de su madre hacer las tareas siempre a las 9 a.m. El primer día lo hizo, pero el segundo día, pensó que no estaría mal ver un programa en Disney +, total aún le quedaba tiempo para entregar las actividades, así pasó el tiempo no hizo las actividades y tuvo que hacer 5 actividades en un solo día, agotada y cansada. ¡El hábito se perdió! Y la mente ganó.

Eliezer

Se prometió a sí mismo que empezaría a levantarse tan solo 15 minutos antes para poder salir más temprano de casa y conseguir un lugar para poder estacionar su vehículo debajo de la sombra de un árbol, le motivaba el hecho de no tener que subirse al final de la tarde en un auto que parecía un horno, no lo logró ni el primer día, dijo: ¡2 minutos más no me harán daño! Luego fueron 3 y luego 4 hasta que terminó por darse por vencido y seguir subiéndose a su auto caliente cada tarde. ¡El hábito se perdió! Y la mente ganó.

Es aquí donde uno dice... Eran sólo pequeños hábitos...

Pequeños ajustes que modificarían la vida de los 4 personajes

- Eric hubiese sido más feliz con su nueva talla de pantalones.

- Aby hubiese podido hacer una rutina muy sana para su larga melena y salir luciendo su planchado cada viernes.

- Reina se hubiese librado de tantas tareas al final si tan solo hubiese hecho una diaria que no le iban a tomar más de 1 hora.

Y finalmente:

- Eliezer hubiese podido estar más fresco en la tarde, dejando su auto en un mejor lugar, algo que no consiguió por no realizar un pequeñísimo cambio de tan solo 15 minutos.

¿Lo ves?

Así como estos cambios sencillos, de rutina pueden modificar tu vida y con ello mejorar el aspecto de tu vida que quieras. La buena noticia es que no eres tú, es tu mente haciéndote una mala jugada.

Te cuento que el cerebro humano no está diseñado para obtener un beneficio a largo plazo, sino que al contrario quiere los beneficios de manera inmediata; es decir, no entiende que le digas si haces esto durante un mes serás un ganador... ¡Nooo! Siempre buscará el placer inmediato.

"El cerebro quiere que nos sintamos atraídos por la satisfacción instantánea, por eso prefiere los resultados rápidos sobre aquellos que son a mediano o largo plazo"

Para el cerebro la decisión es muy fácil, tienen prioridades las sensaciones y placeres del momento, por eso te da pereza y a Reina le resulta más fácil colocar otro capítulo de Disney +, porque ese placer es inmediato.

Por ese motivo siempre resultará más fácil:

- Dormir un poco más.

- Ver un poco más de T.V

- Comer un helado de chocolate.

- Quedarse un rato más escuchando música.

- Entrar una vez más a las redes sociales.

Sin embargo...

¡Te tengo una buena noticia!

Es muy fácil reprogramar y hackear tu cerebro

¿Cómo?

Usa todas esas acciones que ahora te dan tanta pereza para hacer creer al cerebro que te dan placer.

Lo primero que tienes que hacer es preguntarte...

¿Por qué quieres cambiar?

¿Por qué quieres adquirir esos hábitos para cambiar?

Generalmente, uno quiere cambiar cuando los resultados que obtenemos no nos gustan, no son lo que nos gustaría, y nos sentimos mal.

Esto es un error, si realmente quieres cambiar la acción, tienes que ir más a lo profundo, cambiando primero tu identidad, recuerda tu identidad es ¡lo que tú crees que eres!

Ese es el primer paso porque tu cerebro se va a resistir a realizar todo aquello que no está conforme a tu identidad.

Por ejemplo, si tú piensas que eres un fracasado, tu cerebro se resistirá a hacer cualquier cosa que te haga sentir exitoso, en otras palabras, pensará que te está traicionando porque tú mismo te has definido como fracasado. Entonces el primer paso es enfocarte en quien quieres llegar a ser y luego darle argumentos a tu cerebro para que él crea que tú eres eso y te dirija en esa dirección.

La mejor forma de darle esos argumentos, es cambiar tus hábitos

¿Sabes por qué?

Porque mientras más repites una conducta más refuerzas esa identidad. La evidencia más básica de lo que eres, de tu identidad, es lo que haces de forma repetida.

- Si rezas cada noche durante más de 30 años es evidencia de que crees en Dios.

- Si estudias inglés 20 minutos diariamente es evidencia de que te gusta esta lengua.

- Si vas al trabajo diariamente durante 5 años y siempre llegas temprano es evidencia de que eres puntual.

Cuanto más repites una conducta, más información le entregas a tu cerebro y más refuerzas una identidad, y la mejor forma de afianzar esa conducta es convertirla en un hábito.

Tu cerebro no quiere crear nuevos hábitos, quiere placer inmediato y no quiere premios retardados, por esta razón el cerebro no quiere para nada los hábitos, porque no le dan recompensa instantánea.

Además, la formación de hábitos requiere de energía, este es el proceso mediante el cual una conducta se vuelve automática por la repetición constante ¿cierto?

Todo hábito al principio es una actividad que requiere de un gran esfuerzo, pero mientras más repites la actividad más cambias tu estructura cerebral para volverse eficiente en dicha actividad.

Por cada repetición los envíos de señales de una célula a otra mejoran y las conexiones neuronales se fortalecen hasta que todo esto se convierte en un circuito cerrado que se mueve de forma automática.

Crear esa automatización requiere de un gasto de energía muy grande y obviamente el cerebro no quiere gastar energía, al contrario, quiere ahorrar, porque la energía es valiosa y el cerebro está programado para conservarla.

Es por ello que cuando tienes que elegir entre dos opciones, el cerebro siempre te hará escoger la que tiene menos cantidad de trabajo y esfuerzo y por ende menos cantidad de energía demande.

Aún así, puedes engañar al cerebro para que crea que esos nuevos hábitos son una recompensa inmediata en sí mismos y que crea que vale la pena invertir energía en ellos.

Y es allí donde podemos empezar a trabajar con las 4 leyes del cambio de conducta.

- Hacerlo obvio: Nada de rodeos, ni de acciones imprecisas, tu cerebro detecta cuando hay algo que no es obvio ni conciso; es decir, hay que darle la mayor información, no puedes decir...

"Voy a empezar a leer más"

Sino...

"Voy a leer cada noche a las 8 p.m. en mi habitación"

Otra cosa que puedes hacer es ligarlo a una conducta habitual como, por ejemplo:

"Voy a leer cada noche a las 8 p.m. en mi habitación, antes de ir a dormir"

Definir de forma precisa lo que vas a hacer activa el mecanismo de recompensa y te empuja a actuar.

- Hacerlo atractivo: La mejor forma es darle al cerebro la hormona Dopamina, laque nos hace sentir el placer. Ese placer que el cerebro tanto busca, y lo mejor es que no solo se libera cuando sientes placer sino también cuando se anticipa el placer.

Aún no has experimentado esa recompensa, pero el cerebro la anticipa. Esta situación podemos usarla a nuestro favor asociando el nuevo hábito a un placer que te regalarás al conseguirlo.

"Cuando lea el libro de literatura me tomaré un capuchino" ·

Así tu cerebro aprende que tu hábito está vinculado con esa recompensa, así que comienza a fomentar que realices esa conducta.

- **Hacerlo sencillo:** Es importante lograr que el nuevo hábito no te tome más de dos minutos realizarlo, porque lo principal es que estés presente, no la cantidad de tiempo, sino la calidad del mismo, ya después cuando el hábito se haya afianzado podrás aumentar el tiempo, pero en un principio lo importante es estar presente. Si lees ese libro por al menos 2 minutos te irás acostumbrando en un principio en afianzar el hábito y la responsabilidad, lo que quiere decir es que estás apuntando a ser la persona que deseas ser.

Así que comienza con 2 minutos y ya vendrá más y podrás añadir más complejidad poco a poco.

- **Hacerlo satisfactorio:** Los humanos presentamos más motivación cuando realizamos tareas que están en los límites de nuestras habilidades actuales, no tan difíciles ni tan fáciles, el cerebro se encuentra bien con esa actividad porque se encuentra motivado y recompensado.

Siempre nos gusta hacer algo nuevo, desafiante e inesperado, ya que es la ley natural para evitar el aburrimiento.

CAPÍTULO XII

EL MEJOR HÁBITO DEL MUNDO

Siempre damos todo por sentado, el simple milagro de ver, de levantarte hoy con vida, de tener nuestra comida...

¿Quién te podría asegurar que amanecerías hoy con vida?

¡Es un milagro! Todos los días ves ese milagro.

Abrir nuestra boca, hablar y que nos entiendan, que nuestro corazón palpite, sentir la brisa cómo nos acaricia, escuchar las aves.

Agradecer lo simple, las cosas que tenemos...

Aunque hayan sido fruto de nuestro esfuerzo, Dios nos ha permitido tener y nos ha dado la fuerza para lograrlo.

Para agradecer, también debemos aprender a recibir...

A veces el orgullo hace que no queramos recibir. Hay que dejar el orgullo... que nos abracen y nos sonrían.

Siempre vamos a encontrar personas que se quejan y nosotros mismos también seguramente lo hacemos. Andamos por la vida reclamando por todo lo que nos pasa.

Si agradecemos, vamos a poder ver las pequeñas cosas de nuestro mundo...

Poder descansar, comer algo, degustar un dulce.

"El hábito de agradecer debe hacerse común en nuestra vida"

Con ello, definitivamente seremos más felices.

Cada vez es más inusual ver personas que tienen actitud de asombro frente a la vida, como si todo fuera obvio y dejamos las cosas simples, las que no valen dinero, a un lado como si esas cosas no merecieran que la reconozcamos y la agradezcamos.

Encontrar algo que agradecer, nos puede llenar la vida de felicidad.

Este hábito debe inculcarse desde la niñez, agradecer por las situaciones cotidianas en el día a día.

Podemos agradecer el baño caliente, el vaso de agua fría, el aroma del café y a quién nos lo sirve.

Lo primero que debes hacer para tener el hábito de agradecer es mirar a tu alrededor, escuchar y observar.

Lo segundo que debes hacer es observarte a ti mismo.

Anota cuántas veces dices: ¡Gracias! En tu hogar, en tu trabajo, en tu ciudad.

Si la repites comúnmente, te felicito...

Pero si no, Debes empiezar a hacerlo.

Te prometo que te dará mucho bienestar y felicidad.

¡Hoy me levanté, estoy vivo, estoy sano, tengo todo un día para vivir y soñar!

Cuando éramos niños nos enseñaron a decir ¡Gracias!, ciertamente nuestros padres estaban preocupados para que fuéramos educados y diéramos las gracias a quien nos regalaban un dulce o algún otro favor, lamentablemente aprendimos a dar las gracias solo por eso, por un favor o un regalo, y no por las cosas sencillas y los pequeños milagros.

Lamentablemente, esta enseñanza se nos olvidó con el tiempo, y a medida que crecimos, fuimos olvidando agradecer a quien nos hacía un favor, vivimos pensando que todo es tan obvio y que todos tienen que estar siempre por nosotros.

Llegamos al punto en el que tampoco agradecemos a nuestra pareja por el café de la mañana, pensamos que es su deber, ni a nuestra madre por ese almuerzo, a fin de cuenta debe hacerlo, pensamos...

Cuando estaba en mi trabajo, agradecía por todo, obviamente no quería ser un maleducado, pero lo hacía por lo que me enseñaron mis padres... Por cortesía y educación. Nunca me puse a pensar el verdadero significado de la palabra "gracias" y los beneficios que traería en mi vida. Esto no me dejó ver que había mucho más por lo que agradecer y que había milagros a mi alrededor a cada momento, milagros dignos de ser agradecidos y de sonreír por ellos.

El hábito de dar las gracias en la mañana, por el simple hecho de ver la luz nuevamente es algo digno de agradecer.

No todos tienen ese privilegio de salir de la noche oscura.

Agradecer a Dios por esa nueva oportunidad, nos da fuerza para empezar el día sonriendo y obviamente cambiará el resto de nuestro día.

Deja ya de levantarte como flecha y prender las noticias para llenarte de cosas negativas

¿Quién puede pasar un buen día si solo al despertar ve noticias malas?

En cambio, si agradeces estar vivo, respiras profundo y agradeces por ese aire, si escuchas en el silencio el cantar de las aves te aseguro que tu energía será otra.

También, da las gracias siempre por los alimentos.

Una vez el esposo de una prima tuvo un accidente, no podía volver a comer normalmente. Comprendí que no es algo tan obvio como parece, y que es un privilegio poder degustar cada bocado y poder masticar y tragar por uno mismo. Tal vez en ese momento comprendí por qué muchas personas agradecían algo que para mí antes no tenía ninguna importancia.

¿Qué es la gratitud?

Según el Diccionario de la Real Academia Española (RAE) la gratitud es:

"El sentimiento que obliga a una persona a estimar el beneficio o favor que otra le ha hecho o ha querido hacer, y a corresponder de alguna manera".

Pero sabes, para mí es mucho más que un simple concepto, este hábito cambió mi vida radicalmente para mejor. Entender el poder de la palabra "gracias" te lleva a un estado de paz infinita.

No dejarías de hacerlo nunca.

Un ejemplo de esto es cuando vamos a un restaurante y pedimos un café, cuando te lo traen das las gracias, muchas personas piensan que esto es innecesario, pues el café te lo trajeron porque pagaste, pero en realidad dar las gracias hace que valores más ese café, genera grandes beneficios en ti y haces que la otra persona se sienta importante y útil, le generarás una sonrisa por el deber cumplido, te lo aseguro.

Agradecer tiene un poder mágico e indiscutible en nuestra vida.

Te comparto una historia

Un hombre de 80 años iba por la calle, se desmayó y lo llevaron de urgencia a una clínica.

Le pusieron oxígeno por 24 horas hasta que se restableció y le dieron el alta.

Pasó por la administración y le pasaron la cuenta diciéndo que eran 500 dólares.

¡El hombre se puso a llorar!

Le preguntaron: - "¿qué sucede? ¿No tiene dinero?".

El hombre respondió: - "sí, afortunadamente tengo mucho más que eso".

- "Entonces por qué llora", le preguntaron.

Y contestó: "Lloro porque si por un día de oxígeno tengo que pagar 500 dólares, cuánto le debo a Dios si hace 80 años estoy respirando y no le he dado ni siquiera las gracias".

Hay tanto que le debemos agradecer.

Hoy podríamos empezar por el oxígeno que respiramos.

Adquirir el hábito de agradecer suele ser cuestión de práctica, cuando empiezas y te haces consciente de lo bien que te sientes al hacerlo, lo haces automáticamente.

Te muestro un ejercicio que te ayudará

1- Toma una agenda o cuaderno y cada día tomate unos minutos para escribir cosas por las cuales agradecer, trata de hacerlo en el momento en el que te des cuenta. Si tienes comida en tu mesa, entonces puedes escribir: Gracias por esa comida que alegró mi día... Trata de que sean mínimo 3 cosas o situaciones.

2- Cuando llegue la noche y te vayas a dormir lee la lista, hazlo todas las noches sin falta (así es como se crea un hábito)

Te puedo adelantar que haciendo esta práctica comenzarás a darte cuenta de los milagros que ocurren a cada instante a tu alrededor y que hasta ahora no te habías percatado.

Pasado un tiempo notarás la diferencia en ti, comenzarás a agradecer de manera natural y eso traerá más alegría y paz a tu vida, ya no necesitarás anotarlo porque tus pensamientos serán inundados de palabras de agradecimiento.

Te coloco una lista de agradecimiento como ejemplo e inspiración:

- Por tener una familia que me acompaña día a día

- Porque nació mi hermano y pudo ver la luz del mundo.

- Porque estoy bien de salud.

- Por la salud de mis familiares.

- Por mis valores, mi profesión u oficio.

- Por la paella que me acabo de comer

- Por el cantar de los pájaros.

- Por ese rico helado que pude saborear.

- Por despertar un día más.

- Porque pude cocinar, y quedó todo sabroso.

- Porque tuve los recursos para comprar esa medicina.

- Por la llamada de mi amigo.

- Por haber llegado sin accidentes al trabajo.

"Si eres agradecido con lo que tienes, generarás más. En cambio, si te concentras en lo que no, jamás tendrás lo suficiente"- Oprah Winfrey

El hábito de agradecer puede cambiar tu vida de manera positiva, sobre todo cuando lo haces conscientemente.

Agradecer también ayuda a sanar tus heridas...

Vas a estar más alegre y por lo tanto, darás felicidad a los que están a tu alrededor. Ser agradecido te libera porque te das cuenta de todas las herramientas que tienes para ser feliz y tener una vida plena.

Cuando aprendemos a hacer del agradecimiento un hábito de vida y lo hacemos tan cotidiano como respirar, comer y caminar, descubrimos una nueva manera de ver la vida, vemos todo más profundo, somos más alegres.

En nuestro interior deja de haber espacio para el resentimiento

El agradecimiento y el resentimiento, son sentimientos contrarios, por lo que la mejor manera de quitar espacio al resentimiento es a partir de llenar tu corazón de agradecimiento.

Cuando dejas de mirar al pasado, perdonas y te perdonas, a pesar de la circunstancia verás algo por qué agradecer.

Cuando agradecemos nos conectamos con nosotros mismos, con nuestra esencia. Nosotros por ser seres espirituales, necesitamos de esta conexión para alcanzar la felicidad, esto nos hace saber el sentido de nuestra vida, de dónde venimos y hacia dónde vamos.

Sé agradecido con lo que ya tienes mientras persigues tus objetivos. Si no estás agradecido por lo que ya tienes ¿Qué te hace pensar que serías feliz con más? - Roy T. Bennett

Cuando generas el hábito de la gratitud, este se queda para toda la vida, tu transformación dura para siempre, y esto logrará que sanes tus heridas emocionales mejorando la relación contigo mismo y con ello la relación con los demás, incluyendo familia, amigos y por supuesto en el ámbito laboral.

Todos nosotros estamos llamados a cumplir una misión en la tierra, todos tenemos un propósito, aportar algo para este mundo y cuando esta misión la cumplimos desde la gratitud, cuando vamos por la vida sembrando gracias y sonrisas, pasaremos también cosechando, abundancia, paz y felicidad.

Cuando agradeces vivir a plenitud, todos los momentos que vivas serán un gran aprendizaje, te liberarás de culpa y resentimientos del pasado para prepararte para un mejor futuro, libre de toda atadura porque agradecer te hace abrir los ojos... ves el valor de las personas, de los momentos que vives...

Estarás en contacto directo con la naturaleza, podrás apreciar cada flor, cada estrella, el calor del sol, cada aroma y tu corazón te hará sentir como parte de esta hermosa creación, porque lo eres realmente...

Un ser único y completamente necesario para el mundo...

"Si quieres cambiar tu vida, intenta dar las gracias, cambiará tu vida poderosamente"- Gerald Good.

"A menudo damos por hechas las cosas que más merecen nuestra gratitud" - Cynthia Ozick

Juzgar nos separa de los otros, agradecer nos vincula a los otros seres humanos.

La palabra "gracias" actúa como una medicina

El amor puede sanar muchas dolencias, simplemente porque el amor cura el alma.

Cuando curas el alma esto se traduce en el físico, entonces te preguntarás

¿Qué tiene que ver la gratitud con esto?

¡Mucho! Porque el amor es la base de la gratitud, desde el amor nace el agradecimiento. Y todo aquello que cura y que te da una liberación mental, emocional y física se le puede llamar medicina.

Lo primero que debes hacer es hacerte consciente que la gratitud es una poderosa medicina, que sirve para cualquier enfermedad porque te sana interiormente.

Aprendí a andar por el mundo como si todo fuera obvio, de hecho pensaba que las personas tenían muchas razones más porque agradecerme a mí, nunca pensé que tenía algo que agradecer, nunca pensé que alguien me hacía un favor, sino que era su deber, hacer lo que hacían, o incluso llegué a pensar que si me hacían un favor, era porque alguna vez tenía que devolver ese favor...

¡Querían algo a cambio! O Estaban sembrando favores para luego recoger algunos otros cuando lo necesitaran...

Qué equivocado estaba, esta situación me tenía en una constante situación de estrés, no me sentía merecedor de las mejores cosas que te da la vida, no apreciaba a las personas y mucho menos a los pequeños milagros.

Cuando aprendí a decir ¡gracias! Mi vida cambió para siempre.

- Agradecer elimina los pensamientos negativos que te causan daño enfermando tu cuerpo y alma.

- El oxígeno recorre más fácilmente tu cuerpo, porque lo aprecias más, inunda tus células haciendo más fuerte el sistema inmunológico.

- Regula la tensión arterial previniendo infartos y derrames cerebrales.

- Tus relaciones con el entorno mejoran teniendo más y mejores amistades.

- Descansas más y evitas el insomnio.

- Cuando agradeces encuentras más momentos para ser feliz porque descubres lo afortunado que eres.

Desde que tomé el hábito de agradecer cada día, mi vida cambió notablemente, el éxito comenzó a llegar, los mejores amigos se hicieron hermanos, mi salud mejoró, mi estado de ánimo se elevó, y todo ello gracias al mejor hábito del mundo…

Dar las Gracias…

"El hombre sabio no se aflige por lo que no tiene, sino que se alegra por lo que tiene"- Epicteto

¿Disfrutaste este libro?

Si has encontrado un beneficio en él y consideras que puede ayudar a más personas, te agradecería mucho tu apoyo.

Espero que puedas tomar un momento para dejar una reseña

¡Gracias por tomarte el tiempo!

Tu reseña realmente hace una gran diferencia para mi.

Con cariño y gratitud…